威科法律译丛

社会保障基本原理

〔比〕丹尼·皮特尔斯 著

蒋 月 王铀镱 译

商务印书馆
创于1897 The Commercial Press
2014年·北京

By

Danny Pieters

Social Security: An Introduction to the Basic Principles

Second Edition - Revised

This is a translation of Social Security: An Introduction to the Basic Principles, by Danny Pieters, published and sold by The Commercial Press, by permission of Kluwer Law International BV, The Netherlands, the owner of all rights to publish and sell same.

本书根据 Kluwer Law International BV, The Netherlands 2006 年版译出

出 版 说 明

我馆历来重视迻译出版世界各国法律著作。早在1907年就出版了第一套系统介绍外国法律法规的《新译日本法规大全》81册，还出版了《汉译日本法律经济辞典》。1909年出版了中国近代启蒙思想家严复翻译的法国著名思想家孟德斯鸠的《法意》。这些作品开近代中国法治风气之先。其后，我馆翻译出版了诸多政治、法律方面的作品，对于民国时期的政治家和学人产生了重要影响。新中国成立后，我馆以译介外国哲学社会科学著作为重，特别是从1981年开始分辑出版"汉译世界学术名著丛书"，西方政治法律思想名著构成其中重要部分，在我国法学和法治建设中发挥了积极作用。

2010年开始，我馆与荷兰威科集团建立战略合作伙伴关系，联手开展法学著作中外文双向合作出版。威科集团创立于1836年，是全球最大的法律专业信息服务和出版机构之一。"威科法律译丛"是我们从威科集团出版的法律图书中挑选的精品，其中涉及当前中国学术界尚处在空白状态、亟需研究的领域，希望能够对中国的法学和法治建设有所助益。除了引进国外法律图书外，我们同时也通过威科集团将中国的法律思想和制度译介给西方社会，俾使中国学人的思想成果走向世界，中华文明的有益经验惠及异域。

商务印书馆编辑部

2011年8月

译　者　序

《社会保障基本原理》，是比利时鲁汶大学（Catholic University of Leuven）教授丹尼·皮特尔斯（Danny Pieters）博士的著作，由位于荷兰的世界著名出版机构威科法律国际（Kluwer Law International）出版。原著作第一版于1994年出版之后，取得成功，受到有关国家政府部门和法学等相关专业学生的欢迎；也曾被翻译成多种外文。2006年，经过修订的同名著作第二版发行。此中译本是根据第二次修订版译出的。

《社会保障基本原理》，顾名思义，简明扼要地阐析了社会保障概念、社会保障法源、社会保障对象、社会风险、社会保障待遇、社会保障筹资、社会保障的管理、社会保障法的效力等基本问题，内容扼要，阐述精炼，文字通俗易懂。该著作建构了一个全面观察社会保障的各种概念、原则、选择和技术的基本框架，展示了社会保障"普通法"；也为学者、学生、相关公共政策制定者、实务工作者们提供了探讨和思考社会保障这一命题的共同语言和结构。能把复杂深奥的社会保障原理解释得如此浅显明白，十分难得。就了解和研究社会保障而言，中国读者既需长篇大论的巨著，又需要短小精悍的简明读本。商务印书馆将该著作引入中国，无论于专业工作者或者民众了解社会保障，都是挺有益的。

作者丹尼·皮特尔斯教授是欧洲社会保障领域的知名学者，专长于比较法、欧洲社会保障法。已出版有《欧盟成员国的社会保障制度》等多本专业著作。皮特尔斯教授担任鲁汶大学社会法学院欧盟与社会保障研究所主任。从1995年以来，一直担任着欧洲社会保障研究院的秘书长，这个科学联合会拥有来自全欧洲的400余位成员。

考虑到中文阅读习惯和中文读者的阅读方便，翻译时，译者在忠实原作，保证尽可能准确翻译时，作了若干添加、改动和处理。特就此中译本作简要说明。

其一，章之下增设目。原著仅仅分章论述；章之下，未设节、目。翻译时，译者在每章之中，根据内容均设立了若干个目。分目及目之标题，也是译者添加的。

在少数目之下，论述层次较多，且所讨论的问题也可以进一步归结的，译者采用中文标序号设立了次级目及标题。也有些目的论述，内容较多的，但不宜设立次级目的，译者增添了阿拉伯数标序的再次级别之目及小标题。

其二，补充完善目录中章下目次，增加详细目录，方便读者快速查阅所需栏目或内容。

其三，对个别章名的改动。在原著作中，少数章名中带有括号，例如第六章“社会保险和社会福利（概述）”，译者删掉了这类括号，直接将其译入章名中。也有个别章的论述内容较多，似乎超出了原章名之概括，故对章名作了改动，例如第五章，原章名为“社会风险（概念）”，现译为“社会风险的概念和类型”。

其四，就某些名词或术语，增添了译者注。有些术语或名词，在社会保障专业领域，特别是原著作者所在国家或地区，应是普通或者流行的。考虑到中译本读者的情况，为帮助读者更顺畅地阅读和理解，译者以同页脚注形式，作了注释说明。

其五，对个别主语的省略处理。原著经常使用“我们”一词来表达作者本人或者原著作的立场。翻译时，凡根据文意理解，作者表达的仅仅是其本人观点或者原著考虑采用的观点，而不是指作者所在国家或地区的公共政策之立场或通说观点时，考虑到原著作者只有一人，故将这类情形下的“我们”这一主语省略了，或者译为“本人”或“作者”。

此中译本的翻译分工如下：蒋月，翻译前言、第1—11章、跋；王铀镱，翻译第12—20章及索引。全书由蒋月校译。

有幸受商务印书馆之邀，亦尽心翻译，希望此中译本的质量有保证。不过，受限于译者的翻译水平，译稿仍难免失误。敬请读者批评指正。

蒋　月

2014年3月

总　　目

目　　录

前　言

早在1993年，我第一次撰写完成了《社会保障基本原理》一书。据出版公司转达，该书的发行相当成功：相当数量的大学和社会保障学院采用该书，用于其社会保障的教学。此书曾被译成荷兰语、立陶宛语、乌克兰语、亚美尼亚语、格鲁吉亚语等语种。所以，我决定对原版进行改造，使之与社会保障领域的最近发展和趋势保持一致。同时，抓住这个机会修订原版中对读者来说显得有些困难的那些部分，使之更清楚。我希望，这个新版本能满足在过去咨询、查阅过原版的所有人的需要，并且能为新一代社会保障学者讨论和思考社会保障提供一套共同话语系统和结构。

本书仅仅阐述社会保障的基本原理，故其目标不在于涉及处理社会保障所有方面的工作。本书的目标，倒不如说是提供一个关于社会保障的概念、原则、观点和技术的概要，而有关社会保障的观点和技术当然能够从社会保障制度的结构和发展中找到。作为教材，必须考虑到建构社会保障的方法的多样性。结果是，这种描述在一定程度上成为了社会保障主题的"价目表"：每一个部分的描述均将包括不同的可选项，它们是在确立社会保障制度过程中能够被选用的。事实上，我会选择制作这份"价目表"，因为此类选择是由每个国家的特殊性决定的，且这种特殊性是基于一国在一定时间和地点制定其社会保障政策时具有的条件和体验（或趣味）等因素优先决定的。

撰写一本著作介绍社会保障基本原理的想法，源于学术兴趣和实用两个方面。我们需要工具，为具有不同社会保障背景的学生教授社会保障，使用共同的社会保障语言向他们传授信息。同时，律师们正梦想着能有个社会保障的共同法或普通法，类似于"法律公社"的东西，就能长远地促进社会保障发展。在早先版本中，作者已经指出，此类“普通法”的建构可以为完善社会保障法作为一个完整丰满的法律部门作出贡献，也可以为将发展成为特殊学科的社会保障法比较研究作出贡献，还可以为欧洲法律空间的逐渐融合作出贡献。显然，我们已经认识到，在挑战尚有危险的领域，新版本还仅仅是一个开始。

撰写一本社会保障概要之书，真有一定理由说这是一项大胆的工作。曾期待这本书对全面建设社会保护还存疑虑的国家有所帮助。在中欧和东欧未来可能发生民主革命的时期，我们已经尽力发挥我们有限的力量，以本书阐明的社会保障所体现的社会团结的组织形式进行重新评估，去支持相关社会转型。我们的目标，不是提倡把某个特别的民族社会保障制度作为唯一的模式去追随。然而，令人十分遗憾的是，西方的很多民族政府、管理者以及其他社会保障机构却认为这是他们的使命。他们尽可能善意地、热情地改革，其结果却是有害的，中欧和东欧的情况已经能够证实这一点。我希望，本书可以与那些总是期待着通过为本国人民找到更多更好的社会保障路径从而冒险前行的新国家之间保持关联。

还应该注意到，作者主要熟悉欧洲的社会保障体系。虽然社会保障的确是超群绝伦的欧洲现象，它也必须在亚洲诞生、生长，而澳大利亚、非洲、北美洲和南美洲已经证明了社会保障体系的发展，因为这些地区的社会保障制度不同于欧洲。到目前为止，我们对社会保障的此类形式有了一定了解，这本书的主体部分将对它们进行讨论。不过，本书显然主要针对欧洲的社会保障体系。

尝试撰写一本简明地介绍社会保障的社会保障概论，是一个大胆的举动。这就必须创造很多机会，不仅是关于主题的选择，而且也要考虑对不同替代方案的评论。考虑到主题选择和次级主题，我们已选择集中关注社会保障制度的结构。因为如此，将不受社会保障法的限制，也不以现行司法活动为目标，所以，这个描述将会是公正的裁判。其结果是，有二十余个的主题被排除在本书之外。从这个意义上讲，作者已经尽力限制了这些相互关联着的主题中每个主题之范围，让每个主题的阐述具有相同容量：每章能够被用于作为关于这个主题的一个讲座的材料来使用。本书由二十章构成，依次罗列如下：

社会保障的概念；

社会保障法源；

社会保障的管理；

社会保障适用对象范围；

社会风险概念和类型；

社会风险与社会福利概述；

老年；

死亡；

丧失劳动能力；

失业；

家庭负担；

医疗保健；

照护依赖；

贫困；

社会保障资金的筹资；

司法保护；

社会保障法的效力；

个人隐私权和基本自由的保护；

国际社会保障法；

社会保障法比较研究。

考虑到制定政策的条件的多样化，本书中，作者已经尽可能地限制评论，从而尽可能地减少作者个人偏好的影响。

这本介绍社会保障基本原理的书为读者提供一个框架去理解各个国家的社会保障制度。如同已经被意识到的，本书为探索不同国家的社会保障制度描绘了一张路线图。对于欧盟成员国和欧盟成员申请国而言，读者可以根据作者本人早发表的论文中描绘的这张路线图，找到这种描述：参见皮特尔斯，D.，《欧盟成员国的社会保障制度》，英特森蒂尔、安特卫普、牛津/纽约，2002 年，XX + 329 页；皮特尔斯，D.，《申请欧盟成员国家的社会保障制度》，英特森蒂尔、安特卫普、牛津/纽约，2003 年，XVII + 230 页。

应当指出，基于前述原因，本书忽略了若干重要问题。例如，社会保障的历史未被涉及；没有包括社会保障的经济分析，也未对社会保障进行社会学分析。而且，社会保障筹资，既是一个完整的问题，有时又是相当麻烦的问题，在本书中也仅被非常简明地、一般地对待而已；保险精算也未能被考虑在内。

为了撰写一本著作，需要讨论一些事，咨询他人。在写作本书过程中，如果我没有能力指望赢得诸多同事和学生的协助，就不可能成功。我首先要感谢鲁汶大学社会法研究院单一欧洲和社会保障研究所的同事、同伴们。本书第一版得到了荷兰和立陶宛的社会保障部的帮助，对此，我十分感激。易拉斯莫斯项目的同事们和学生们对社会保障的评论，以及鲁汶大学"欧洲社会保障"项目的硕士研究生们为改进这个新版本作出了贡献。最后，我乐于邀请读者把你们对本书的意见或建议，以邮件形式传送到下列邮箱：danny. pieters@ law. kuleuven. ve。在此，我提前谢谢你们。

尝试撰写概要地介绍社会保障的著作，是一项相当冒险的工作。尽管具有国家背景，本书仍采用超过百页介绍社会保障。用不足 150 页压缩式地概述建设社会保障制度的各种意见，的确需要相当水平。我经受住了挑战。我相信，它将填补社会保障教育中的资料空白，将为在社会保护政策中探索他们自己的社会保障制度并再思考和（或）改革的可能性之所有人提供有益参考。

本书仅仅提供关于全欧洲社会保障调整的原理、技术之基本知识，我依然相信，这是有价值的，它如同在欧洲社会保障与法律比较的康庄大道上迈出的头几步。若将其比喻为一趟长途旅行，我衷心地祝愿旅行愉快！

丹尼·皮特尔斯教授、博士

2005 年 6 月

第一章　社会保障的概念

一、社会保障的定义

纵观世界不同时期，对于社会保障的概念，有非常不同的阐释。每个作者都有自己的定义。在部分国家，法律已经界定了社会保障的概念；倘若法律未下定义，至少已规定了国家法层面上哪些安排属于社会保障法的范畴。这种情形时常发生在试图将关于社会保障的所有立法汇编成一部法典或法律汇编的国家。然而，许多国家没有对社会保障概念作出法定解释。在后种情形下，社会保障(法)原理本身将必须界定其自身关注的对象。在某些特殊国家，甚至可以完全没有社会保障的观念，而以诸如社会保险、社会救助和其他类似概念等组成“社会保障”概念之下的系统，只不过，这些概念对社会保障概念的显示程度并不高。

或许可以期待国际法能弥补这方面的缺憾。遗憾的是，国际法上同样欠缺对社会保障的定义。所有国际法律文件或超国家的法律机制通过下列途径阐明其各自的实质性适用范围：既阐明期望中的社会保障计划的内容，又列明国家法规划中的社会保障方案(名称)，或者综合前述两种途径。仅仅在例外情形下，才能发现基于“社会保障”的内容而被定义的社会保障。

国际劳工组织第102号公约《社会保障最低标准公约》[①]对社会保障的实质性适用范围所作的释明，已经产生了相当广泛的影响。可是，该公约没有阐明社会保障的内涵，而仅仅阐明了预期中的社会保障计划之内容。

① 第102号公约《社会保障最低标准公约》把社会保障划分为下列九个种类：医疗照顾、疾病补助、残疾津贴、老年津贴、遗属津贴、工伤津贴、失业津贴、家庭津贴、生育津贴。它要求批准国至少实行其中三种，规定了最低限度的人员范围及比例，以及最低限度的津贴标准。亦可参见〔荷〕弗朗斯·彭宁斯编：《软法与硬法之间：国际社会保障标准对国内法的影响》，王锋译，商务印书馆2012年，第251页。——译者注

此类释义未结合大量(已经)被界定的社会风险,故无法为社会保障就可能发生的新的社会问题作出新解答而提供充足的发展空间。在这方面,只要能够想一想那些没有自我能力成功应对而产生的照护需求,就可以理解。此类释义甚至不承认包括国内法根据那些已经存在相当长时间并被称为“社会风险”的某些社会不安全因素而实现的演变。关于这一点,我们可以参考一些国家的实践,他们为学生及承租人提供经济帮助,并使这些措施能够融入社会保障,成为后者的一部分。

部分作者则努力将社会保障定义为:向已被核准的人们提供现金、其他福利以及服务之总和。

国际劳工组织的报告《展望21世纪社会保障的发展》对社会保障的路径作了更宽泛的解释。该报告认为,社会保障应当是对最广泛意义上的安全渴望作出响应,而非仅仅作为保证此类安全的机制之集合。其他学者也同意社会保障的目标在于提供“保障”这种观点。他们确认,社会保障就是为抵御与工业社会及其发展有关的风险提供保护,简言之,它是用来抵御“社会的”风险。显然,人们会感到困惑:什么类型的保护是此处所说的保护? 哪些风险会被认定为“社会的”风险?

最近由辛菲尔德①和伯格曼②等人提出的有关社会保障的定义,遵循着相同的、非工具式的路径。类似于定义医疗保障,辛菲尔德将社会保障形容为诸如依据情势提供全面保护以抵御财产损失的状况。伯格曼则主张,社会保障是为了避免人道损害而提供全面保护的状态。

总体说来,定义“社会保障”概念所生的差异性不会带来太多负面影响。当然,比较社会保障制度时,毕竟不像比较苹果与橙子,仍然应当小心谨慎。人们时常会想起“瞎子摸象”的故事:当一个人面对大象时,虽然他(她)没有能力画出大象,但依然是能够认识大象。

---

① 阿德里安·辛菲尔德(Adrian Sinfield),英国爱丁堡大学社会和政治学院教授,社会政策专长,也是该大学董事会成员。——译者注

② 乔斯·伯格曼(Jos Berghman),荷兰蒂尔堡大学蒂塞—蒂尔堡社会保障研究所的研究人员。——译者注

但是，在概要地介绍社会保障之始，有必要确定本书采用的社会保障定义。

在下文中，考虑到本书的目标，社会保障将被视为对于面临失去收入（来自有偿劳动的收入等）或者特殊开支的人们，使人们团结互助的制度安排之总和。诚然，最关注的是在（通常）被认定为“社会风险”的情形出现 2
时，提供现金福利的安排。本书第五章将详细阐述如何定义“社会风险”。在此，能认同通常被作为社会风险的下列要素：因为年老而不能（或者不必继续）从事有酬劳动而缺失劳动收入，无劳动能力或失业；家庭主要经济来源提供者死亡；因抚养儿童所需要的特殊开支；因健康照护所生的需要（包括费用开支）；缺乏维持体面生活的必要手段。必须说明，在此处，应对已确定社会风险的安排、展现适度统一社会保障调整和管理之安排，以及社会保障管理，时常被称为社会保障的“分支”或者社会保障“系统”。

二、社会保障体系的类型

本书将主要关注在已被认知的社会风险情形下提供的现金福利，因为若将凡是在抵御前述社会风险（及其所生费用）中发挥了一定作用的所有社会条款和服务统统纳入本书，就将远远超越了本书的范围。当然，对这些问题有所讨论也是必要的。

（一）本书关注的三个领域问题

1. 健康保护需求的社会覆盖面。在部分国家，社会保险覆盖健康照护开支；而在其他国家，则由社会保障制度直接提供医疗服务。区分前述两种路径，是非常人所为的做法，也不一定有利于本书确定的目标。

2. 与金钱无关的活动对于人们面临社会风险（威胁）时偿债能力之重要性。我们强调，人首先应该尽力防范社会危险的发生，其次，才是思考重建恢复到原来的状态，最后，才是对遭受到的损害给予经济赔偿。尽管这个路径是由最初对人类损害（无工作能力）的认识而发展而来的，但它也与其他风险有关。从这个意义上说，我们可以考虑保护人们免于未来失业的需求，在失业后通过雇佣介绍所①和修习职业训练（或职业培训）课程的努力重新获得工作。诸如此类因素正在被越来越多地强调与向失业人员提供现金以保障其保险利益有密切联系。近些年来，社会强调，与向失业者提供现金福利（也被称为消极福利）相比，使人保有工作和使人尽可能快地回去工作已经是相当重要了，它时常被贴上“激活”福利系统的标签。

我们对社会保障作相当严格的解释，发放金钱福利的社会保障安排体制不会有损于更广义的社会保障概念之优势。伯格曼等人就主张广义的社会保障，他将社会保障视为提供全面保护使人类免受所有损害的状态。根
3 据这类观点，社会保障与劳动和其他方面的安全有关，与刺激就业和职业介绍的措施有关，与教育和培训有关，与卫生健康的所有类型预防措施有关，与接纳或者资助中心为儿童、病弱者、老年人和贫困人群提供的所有类型的群体服务有关；甚至与民事法中有关第三者责任或者在离婚或死亡情形下有关亲属财产的后果安排有关。将上述提到的因素全都纳入我们的研究，是不可能的。我们不得不忍痛割爱——将主要讨论现金形式的福利。即使如此，我们的研究仍然也包括了恢复（健康）和预防，鉴于福利制度对这种康复和预防既有促进作用又有抑制作用，所以，这些问题必然将在本书中讨论。

3. 通过税收制度设置的隐性的资金福利（经常称为“税式支出”②）。不要感到奇怪，就应对税收体制贡献于保护人们抵御社会风险的不同方法而言，本书研究的范围不会受到太多限制。的确，社会保障与税收制度之间的相互关系是相当密切的。从这个意义上说，我们可考虑抵消与抚养儿童有关的费用。在部分国家，有着非常详细的家庭津贴制度，有时候需要经由资产调查；而在其他国家，或多或少的类似目标，也已认识到，从而通过减免

---

① 雇佣介绍所（employment exchange），是指由政府劳工部等官方机构设立的职业介绍所。

② 税式支出，是指在现行税制结构不变的条件下，对于某些纳税个人、企业，或其特定经济行为，基于激励考虑而予以区别对待，赋予不同的税收减免之优惠待遇（而不直接给予现金）。称之为税收“支出”，是因为这类优惠与政府其它支出项目一样，作为开支，列入预算。——译者注

所得税予以落实。社会保障与税收或民法的分界线，将在第十八章有较详细论述。

我们的学术观点，如前所述，就是社会保障是能够被视为是针对人们面临有酬劳动收入丧失（威胁）或者面临特别开支时形成社会团结互助的一系列福利系统的集合体。但是，不同的互助技能已经有了发展，它们并不总能够被解释为附属于社会保障的。在发生社会风险时，家庭、亲属、（鼓励）储蓄、关于民事责任和抚养的立法，都是回应团结互助需要的要素。这些技能手段至今也都存在着，尽管它们的作用有时看来再度提高了，但是，一般情形下，它们不会被认定为构成社会保障的一部分。不过，社会保障系统确实会考虑这些因素。本书将仅仅讨论那些几乎无争议地被认为属于社会保障系统的技能或手段。更困难的问题，是个人的“互济”技能、私人保险或单纯的慈善是否应当被纳入社会保障概念之下来讨论；若是，则应当在多大 4
程度或范围内对它们予以讨论。即使针对一定社会风险的私人保险与社会保障有关，然而，在我们看来，其中的互济因素也未免太弱了：若将此类保险纳入社会保障标题之下，则这些个人保险合同中的风险因素明显是太过现实了。同时，虽然纯粹的慈善和单纯的慷慨捐赠行为确实被认为是互济的例子，但是，我们依然坚持认为，只有在考虑到这些私人援助形式是被纳入公法安排之中时，它们才能被纳入社会保障观念之中。迄今为止，私人援助是游离于政府的鼓励或干预之外而运行的，并且尚未与社会形成其成员之间团结互助的方法所促成的特别空间相一致，故个人慈善不属于社会保障。顺便说到，必须注意到这一点，在没有任何从属于公法的规则的情形下，援助是几乎不可能被期待提供更多“保障”的。

（二）最广为人知的社会保障计划：社会保险与社会救助

目前，最广为人知的社会保障手段无疑就是社会救助和社会保险。

在社会保险中，基于社会成员之间的团结互助制度，社会保险费是自愿地或者强制地（绝大多数如此）缴交的；如此，当社会互助网络的成员遭受社会风险时，他（她）就能够获得社会福利。这些系统经常由政府资助。社会保险制度通常以特定的社会保险基金为基础而运行，但是，那些经由税收而实现的融资计划并不一定会削弱这一机制的社会保险性质。规定社会保险计划的法律属于公法。一般情况下，参加社会保险，都是强制性的。虽称之为社会保险，但是，它并不符合公法中的风险保险或者强制性；从这个意义上讲，机动车的强制第三者保险是一个极好例子。与此同时，也存在非强制性计划，它们无可辩驳地具有社会保险的资格，当然，如此一来，这种计划就为特定人群与社会保险发生联系创造了可能性。此类计划的内容，既与涉及针对其他群体的强制保险计划相一致，又与对社会保险的详细说明有关，而且它们面向前一个群体本身确实是强制的。在第一种情形下，一个人能够参与下列社会保险计划——该计划面向不属于强制社会保险适用范围的人，因为他们收入太高或者太少，或者因为他们是受雇于海外。在第二种情形下，即补充社会保险，一个人能够参与数个强制性社会保险计划，从而在其患病或退休时提高其获得的社会保险待遇。鉴于非强制性计划与强制性社会保险之间的关系比较弱，当公法减少对这方面的规定（如基于人们对参与自愿计划不负义务，任何人愿意参加保险就参加，从而获得保障，任何人都有资格这么做）时，典型的社会保险的互济机制被淡化了，于是，非强制性计划中的社会保障特点，如同社会保险的性质，就将被淡化。

许多种社会保险已经是以互助保险形式开设的。那么，在目前，在公法
5 的特别安排范围之外运行的纯粹的互助保险能否仍然被认为属于社会保障
呢？考虑到单纯的自愿性互助保险，在我们看来，并非必须将其区别于通过私人保险公司投保的个人保险。例如，凭借集体劳动协议而强制参加互助保险，就不容易。

社会救助体系是向有需求的人们提供福利待遇。该救助系统由（中央、地区的或当地的）政府提供财政支持。基于对受益人的资产调查，社会救助决定是否向其提供这类社会福利。

社会保险与社会救助之间的区别曾经是非常清晰的：当社会风险发生时，社会保险的被保险人对社会保险待遇享有主观权利；不适用家庭资产状况调查。被保险人被赋予享受社会福利的权利，与他（她）是否实际“需要”

该待遇无关。相反,凡申请社会救助的人必须经历相关管理部门就核准社会救助的适当性进行的评估,申请人可以有效获取生活来源的方式总是会被考虑在内的。换言之,人们对社会保险待遇享有主观权利,而对社会救助则享有“反射性的”权利。然而,近数十年来,社会保险与社会救助之间的界限已变得不那么明显:如今人们也将社会救助权视为主观权利;同时,完成资产状况审查之后才能核准提供社会保险利益的实践正在增多。在某种情况下,社会保险与社会保障的部分融合说明了社会保障观念得到了加强。凡没有被清晰地界定为社会救助待遇或者社会保险待遇的福利,有时会被设定为“混合待遇”。但是,近些年来,一些国家试图再次更清楚地划分需缴款的社会保险与无需缴款的社会救助之间的界限。看来,这一趋势在未来会流行。

仅次于社会保险和社会救助,一些国家的社会保障制度又特别区分出第三类社会保障福利待遇。在这一方面,我们不得不提到社会补偿体系。社会补偿体系的普遍共性,就是政府(社会)利用这些计划表达社会团结互助,向面临特殊负担和(或)遭受特殊损害的人们,诸如伤残、老年、针对战争受害者或者针对基本人权被(前任)政府侵犯的受害者提供的幸存者抚恤金。我们也应提到强制免疫计划的受害者。社会补偿体系不同于社会保 6
险体系,它们不相类似于参与者是社会风险的受害人这种有组织的社会团结互助的情况,而是向遭受各种来自国家的正当或错误的、不同程度的不合理的损害的人们表达社会的抚慰或者自责。这些计划由国家财政提供支持;他们的福利待遇经常不必通过资产状况审查即可获得。值得注意的是,尽管这种计划在大多数国家都存在,但它们现在经常不被认为是社会保障的组成部分。这种状况大概与下列事实有关:补偿体系是在大力推动补偿国家强加的损害之理念下产生的,当人们面临丧失收入(威胁)或者特殊开支时,他们已经失去了表达社会团结互助的特性,或者换言之,它们不再与社会保障的概念相一致。

比较社会保险中的社会保障与社会救助中的社会保障,可以看到社会保障原理的分歧,有时候,这种分歧在文献中已经被国民补助这个“第三个概念”扩充其中了。国民补助,与社会救助相似,由政府基金提供财政支持;同时它与某些已被认知的社会风险相联系,而非与特定需求相关,这一点与社会保险相似。在许多国家,儿童福利是典型的国民补助的形式;养老金有时也被认为是一种国民补助。但是,迄今为止,国民补助的概念尚未被普遍接受,也不具有任何法律效果。因此,本书将主要讨论社会保险与社会救助之区别。

针对面临失去有偿劳动收入(威胁)或面临需要特殊开支的人们,核准向他们发放现金福利,就体现了社会团结互助。换言之,团结互助主要是由与普遍认可的“社会风险”挂钩的社会保险和社会救助计划来体现的。在过去的几年中,对互助需求的新回应已经在文献中有所反映,但是,还没有付诸实践:基本收入就是一个例子。它包括了一系列计划,在这些计划中,全体居民或公民都可获得由政府提供的定期补助金,原则上,不受制于是否有工作意愿或实际需求等条件。这种基本工资是由社会保障剩余基金予以支付的;另外,税收制度则将收回“额外”授予的给付(凡已经被支付了高收入工资的人们)。

社会保障福利待遇不仅仅能够被区分为社会保险待遇和社会救助待遇,还可以根据其内容对它们进一步分类。我们也能将社会保障福利按照更早些时候所说的类型予以划分,即区分为实物福利与现金福利,不过,我们不会在这里讨论现金福利或给付。还能够将保障福利区分为向受益人提供替代性收入的收入替代式福利待遇,旨在帮助收益人抵消特殊开支的收入补偿式或成本补偿式福利待遇。

(三)俾斯麦模式与贝弗里奇模式

在本章的最后,我们要提到两个历史人物,他们在设计社会保险时将自己的名字融入了两种主流社会保险模式之中:19 世纪德国总理奥托·冯·俾斯麦和20世纪英国政治家、作家,贝弗里奇爵士[1]。在“俾斯麦模式”[2](或称“欧陆模式”)中,社会保险仅仅覆盖(特定类型的)劳动 7
人口——特别是雇员群体。雇员群体享受福利待遇的数量甚至期限,均与下列因素有关:其已经劳动的期限、缴纳保险金的期限,以及在社会风险发生之前的收入和累积的保险金。社会保险计划是由雇主和雇员的职业收入中提取的保险金提供财政支持。这些福利待遇的管理被委托给直接相关的团体,即工人和雇员的工会。在“贝弗里奇模式”(或称“大西洋模式”)中,社会保险计划致力于覆盖全体人口。社会福利待遇是固定的,被限定在同一费率上,并由预算(税收)提供财政支持。政府是主要负责社会保险计划的管理。

区分二者是如此重要,然而,目前广泛一致的共识则是,无论在哪里,无论俾斯麦模式或贝弗里奇爵士模式,这两种社会保险的类型都不会“单一”地出现并运行,同时,不得不承认,所有国家的社会保障制度都能够解释为同时继承了俾斯麦和贝弗里奇的社会保障概念。大多数国家的社会保障制度都体现出了这两种模式的特性。传统的俾斯麦社会保险模式经常包括全

---

① 贝弗里奇模式,系按照1942年英国威廉·贝弗里奇爵士的蓝图设计而成并因此而得名。该医疗保障模式的正式名称为国民医疗服务体系,于1948年7月在英国得到正式确立。其主要特点有:把医疗看成是一种人人应该近乎无条件享有的服务;体现在筹资上就是主要依靠国家通过一般税的形式统一征收;在待遇上则是按需分配,覆盖面近乎遍及全体国民;医疗服务的提供则是由政府运用公共资金直接开设医疗机构、购买医疗设备、聘用医务人员来进行,或是政府作为医疗服务和药物的购买者,运用政府预算向卫生服务和药品等供给者直接采购、支付,国家是医疗保健和医疗保障体系的绝对主管和调控者;私人医疗保健和保险提供者提供的私营性医疗保健服务和保险的比重很小;患者拥有较少的择医权。最为核心的特质则是国家集中调控和医疗服务各个环节的高度公共化。见丁纯:“德英两国医疗保障模式比较分析:俾斯麦模式和贝弗里奇模式”《财经论丛》2009年第1期。

② 俾斯麦模式,因在德国俾斯麦执政时期首创而得名。作为世界上被效仿最多的医疗保障模式,其典型特征是:认可健康作为一种社会权利,突出投保者权利与义务的平衡;国家通过立法建立医疗保障体制;筹资方式以通过向雇主和雇员双方强制征收社会保障税赋为主,国家酌情补贴为辅,强调个人的社会义务和责任;该医疗保障模式覆盖人群较广,按投保人的需求补偿和分配资源;在提供医疗保险、保健服务上,该模式按照社会保险模式进行组织管理,行为主体是社保机构,国家只起监督和规范作用。在此体制下,公私医疗保险机构并存,各个机构组织之间互相竞争、自我管理。出处同上。

民医疗保险和有关生育的费用等。而贝弗里奇社会保险模式通常由养老金等与社会保险体系有关的法定收入来补贴。此外，还应该提到，在北欧国家独立地发展着的“准贝弗里奇模式”，它被称为真正“北欧社会保障模式”或“斯堪的纳维亚社会保障模式”。还有个有趣的发现，在前社会主义国家，
8 对“俾斯麦模式”和“贝弗里奇模式”这两种模式的区分早已经变模糊了。

第二章　社会保障法源

一、概述

本章研究社会保障的法定形式和规范文件，它们表明社会保障所体现 9
的社会团结已经形成。不仅研究什么法律体现了社会保障，而且研究政府不同层级之间的任务分工是否应当被识别。

在许多国家，其宪法不直接论及社会保障。但是，有关社会保障的宪法性规范牵连以多种方式存在。经过充分评估，能够区分出与社会保障有关的下列四类宪法条款：

宣称本国为“社会国家”①的非常一般的条款；

---

① 社会国家（Social State），也有译为社会国，与之相似的概念有社会福利国家（Social Welfare Sate）、福利国家（Welfare State），或者社会服务国家（Social Service State），它们是一种国家的类型，指政府有计划地运用政治和行政的组织力量，通过所得再分配，提供强制性的、集体性的、无差别的福利，应该并能够担负起保障所有国民拥有一个过得去的最低标准生活的国家。在此理念下，政府保障每一个国民的最低所得、营养、健康、住宅、教育水平，是国民享有的政治权利或称为社会权，而非慈善。多数学者把福利国家的起源追溯到19世纪中叶或者20年代。早在19世纪30年代，德国统一之前的普鲁士中，80%的儿童已经上过学校。到1870年，普鲁士就已是世界上较早提供国民教育的国家。1884年，时任德国首相俾斯麦创办了世界上第一个强制性国家疾病保险体系；此期间，德国已经使用“社会国”来描述该社会保险体系。1911年德国通过《社会保险法》，将社会保险覆盖白领劳工。在英国，1909年财政预算中的人民预算已经被冠上“福利预算”。1911年，英国引入德国的国民保险系统之经验，通过了《国民保险法》，涵盖疾病给付、残障年金、生育给付。第一次、第二次世界大战以及20世纪二三十年代的经济危机深刻地影响了各国的社会改革和社会政策。1935年，美国通过了《社会保障法》，确立了老年援助、老年津贴、儿童津贴、妇女津贴、失业补偿、公共健康服务，为依靠他人生活者发放定期或不定期的福利待遇，帮助有需要者享有医疗健康服务。英文中“福利国家”一词，最早出现在威廉·天普于1941年所著《公民与教徒》一书中。同年，贝弗里奇受不管部部长古林悟得指派而主持一个跨部门的委员会，探讨英国的社会保险；1942年贝弗里奇提交报告《社会保险与相关报务》，这就是著名的《贝弗里奇报告》，其中也引用了“福利国家”一词；该报告把疾病、意外、失业、老年这四种保险集合在一个均一给付的体系内，同时主张保险费三分原则，即雇主、受雇者和政府共同分担；报告提出了三大支柱体系建设提议，即（1）国民保健服务，用于保障低收入者家庭免于遭受严重疾病后贫困；（2）退休保险计划，用于保障老年的经济安全；

单纯地确认社会保障、社会保险和(或)社会救助的条款;

规定基本社会权利的;

确认属于社会保障权限的条款。

显然,一部宪法能够包含前述若干类型的宪法条款;甚至可能同一个条款经过一段时间后改变其类型或者变成复合型。下面,我们依次阐述前述每一种类型条款。

二、"社会国家"条款

一些国家的宪法在其开头就包括了这类条款,这些条款描述着该国的基本特点。在较多国家,这些条款规定了本国(除了别的属性外)是"社会"国家。在法律理论中,对于这些规定会有不同种类的回应:在一些国家,其法律理论和法理学强调这种宪法性"社会国家原则"非常重要;而在另一些
10 国家,类似用语的条款却被严重忽视。

三、确认条款

也有些宪法明确地确认社会保障、社会保险和(或)社会救助的存在,

(接上页)

(3)家庭津贴,通过收入再分配解决福利政策不公问题。《贝弗里奇报告》广受欢迎,福利国家的理念流传开来,并从英国传入其他国家。1944 年,英国通过《教育法》,确立免费中学教育是一项普遍权利。1945 年工党执政后,英国加快社会立法速度,1946 年通过《家庭津贴法》,开创了向有两个及以个子女的家庭发放现金补贴的福利制度。同年,通过新《国民保险法》大量吸纳贝弗里奇报告的精神,建立了以政府一般税收为基金的均一给付老年、疾病、失业和死亡保险;通过《国民保健服务法》,建立了医疗照护系统。1948 年通过《国民救助法》,创立了以资产调查为依据的、单一的、全国性的向未就业的、低所得者发放津贴的制度。英国还通过了 1947 年《城乡计划法》、1948 年《儿童法》、1949 年《住宅法》。这些法案共同建构了一套完整的现代福利国家体制。所以,英国于 1949 年宣称其走上了福利国家道路。英国社会保险费三分摊原则几乎成为现代各国社会保险缴费遵守的共同原则。美国则于 1949 年以后才强调福利国家的重要意义。20 世纪 50 年代,英国宣称其已建成福利国家;20 世纪 80 年代,瑞典、挪威等工业化国家纷纷挤进福利国家行列。——译者注

尽管这些方面的内容并没有被提及。这类条款不仅仅约束社会保障，它们也能适用于某些社会保障管理机构、融资方式和类似方面。它们至少提供了“制度保证”：它们既不能完全地废除，又似乎无法从其本质上产生消极影响。在某种程度上，这类条款与为婚姻制度提供宪法保护的宪法条款具有一定相似性。

四、基本社会权利

基本社会福利权利获得了进一步发展：它们保障受益人能够请求社会保护。但是，法律学说和法理学时常将声明基本社会权利的条款降格为（空泛的）宪法性宣言，以致公民不能够据之获得主观的权利（资格）。当然，情况也不总是如此，也有些已经证明它们的法律价值的条款，尤其是对处于入不敷出状态的个人或对向生活贫困个人提供福利待遇而言。它关注的，是保障某些作为社会底线的基本社会权利方面的条款（如医疗救助权，或基本生活保障线）和（或），以及（或者）这些基本社会权利是由宪法的其他安排构成的完整体系提供支持的。宣告基本社会权利的条款时常也被解释为制度保障。

有些宪法涉及社会保障是为了给议会提供一些指引。原则上，这些指引不具有法律强制性，它们只是供立法者参考。同样道理，此类社会保障条款的影响真正受到了非常大的限制，但是，法律学说或法理学将其解释为内含制度保障或者甚至是基本社会权利的，不在此限。

有时，提供制度保障或者载明基本社会权利的宪法条款也已经证明，其在有关改变原有的社会保障法，从而可能脱离既得权利或者获得期待权利的可能性方面的重要性。

五、社会保障权限

规定社会保障权限的条款总体上具有不同性质。事实上，这些条款能够被依次细分为基于社会保障宗旨的能力确认条款：关于中央或联邦的立法者、区域和地方层级的立法者的；或者把这些权限确认条款细分成下列类型:处理立法权、执行权和自治制度方面的。

11 考虑到联邦国家由州组成,当然就有必要指出其级别;无论联邦或者组成联邦的州,都会存在社会保障立法和社会保障管理。联邦宪法对此的规定,既有明示的,又有默示的。更多关于确认权限方面的信息,将在第三章论述。

国家宪法同样必须明示载明或默示表明:是否所有社会保障方面的立法都应委任议会来制定,或者是否必须将部分(立法)职权委托给执法者或地方自治机构。

所有国家建构其社会保障制度中,都会使立法权居于核心地位。在部分国家,宪法还会作出限制,使调整社会保障制度(某些方面的)的规定只能采用制定法的形式。这意味着,在该领域,唯有立法权具有调整社会保障之能力,且该能力不得委托或另行授权。在此情形下,就可能面临每年都要通过新的社会保障法的需求。在其他国家,宪法明确对下列两者进行了区分:由议会行使其执行力确定社会保障的原则,而由行政机关制定常规的社会保障立法。

许多国家的宪法体系(时常默示地)要求将社会保障计划交由议会,通过议会行为作出规定,又留给执行权力进一步解释的可能性。因此,社会保障法常常仅仅是法律"总则"或"不完整"的法律,该法律在许多方面都需要通过国家元首、政府或有自治能力的机构做出进一步规定。

经由行政权力、国家元首、政府、各部部长等核准而颁布的社会保障法规,不要求太多的解释。但是,我们或许应当指出,此类规定在相当大范围内影响公民日常生活的主观权利和义务之能力,不会总是与议会民主的基本原则和对公民基本权利(包括社会权)的尊重相一致的。同时,必须认识到,越来越多的国家元首、政府和部长承担政治责任,并且需要在其任期内对选民负责,因此,原则上,民主法治是能够被认可为获得了充分保障的。

看得出来,欲将管制权限赋予地方自治组织之事合法化,存在更大困难。在一定数量的国家社会保障体系中,确实能够发现,此类能力有时候被授予了管理社会保障的委员会或其执行机关。例如,这些机构相当经常地被授予确定强制性社会保险金缴费比例的决定权,有时候也被赋予了有关 12
福利待遇分配的立法权。假若这些委员会或执行机关是经由自由选举而组成的,假若这些委员会或执行机关将适时地充分考虑到所有相关当事人,那么,民主原则显然就得到了尊重。也有些例外情形存在,例如,社会保险的被保险人是由大量个人组成的共同体,但共同体中的某些个人(因为他们的国籍)不具有选举资格;在这些情况下,裁定自治的被选举机关享有立法权,即使从民主观念出发,仍是更为可取的。然而,有相当数量被授予自治性管制权的委员会或执行机关,不是经由选举产生,而是由有关方的代表组成的,例如,社会保障计划筹资机构的代表,而社会保障计划的筹集机构通常就是雇主联盟和工会。第三章将详细探讨社会保障管理机关的民主属性。在此可以说,具有自治调节能力的这些委员会和执行机关的民主法治,的确是相当值得怀疑的,因此,它们的自治权将总是不得不受到被充分赋予政治责任的机关所享有的更高级别立法权的限制。进一步说,这也体现出民主法治的自治法规需要暂时服从于政治责任机关制定的法律;这是为了适当保护社会公共利益,因为公共利益关注的不只有社会保障,或者说更多。

集体雇佣协议和自雇职业者群体的类似协议形成了一种特殊的自治规则;截止到目前,这二者都被视为集体协议。这些集体协议确实相当经常地包含了关于社会保障的约定;这些约定不仅能够涉及自主设立某些社会保障计划(通常是补偿计划),而且有时也包括设立法定社会保障计划的某些形态。针对后一种假设,我们必须重申我们之前说过的关于自治调节机关的论点。假设它与创设完全自治的社会福利计划有关,它属于社会伙伴的契约自由,即组织起来的职业群体,基于自治而设立此类社会保障计划。显然,使这些计划的约束力扩展到非自愿加入这类职业团体的个人之事合法化的法律依据,是可探究的问题,不过,该问题大大超出了本书的研究范畴。

与其它领域的法律之情况相同,在解释社会保障时,判例法发挥着重要作用。在一些国家，已经证明法院在社会保障方面的影响是非常重要的，尽管没有哪个国家，也没有普通法，其社会保障是由判例法来主导的。进一步看，行政现实和法理学在解释社会保障过程中也扮演着重要角色。显然，当
13 立法者决定减少行动时，在这些领域将产生更大的解释需求。有时候，立法者甚至有意地使法律包含需要解释的非常原则性的规定，从而使社会保障调整能以其可能的最好方式适应现实。比较研究创立社会保障法的判决之特点，只是开始。

社会保障计划也可以授予社会保障管理机构一定的评估自由和自由裁量权。例如，使救助权的具体化或实施社会保障计划方面，就是如此。但是，社会保障的自由裁量权不能与社会保障职能缺乏管控相提并论。这方面，伪立法的观念就在一些国家产生了：当管理机构行使其自由裁量权提出特定行为标准时，假如他们有正当理由这么做，他们也仅仅能够背离特别的行为准则。这就意味着，当公民没有被赋予行使自由裁量权的主观权利时，法院仍将作出如下判定：平等原则尚未被违反，也不存在一般行为准则被肆意背离的情况，如伪立法。

联邦国家的社会保障渊源具有其特点。在此类情形下，联邦宪法将就联邦与组成联邦的州之间的权限分配作出规定。无论联邦或州，每一方都将应遵行其固有权限，互不干涉；同时，也能包含联邦与州之间或各州相互之间的合作程序。就社会保障而言，宪法能够让全部的社会保障职权停留在一个层级；但是，在大多数情况下，宪法将社会保障职权分散给联邦和组成联邦的各州。在这个方面，宪法条款能够区分各种不同的社会保障福利部门、不同的社会保险、不同的社会救助计划等。此外，立法权、执行权、司法强制权、司法保护权等职权不一定都必须适用于一个或者相同的层级。就筹集社会保障资金而言，情况是相同的：联邦宪法经常规定了联邦和州两方各自的职权和责任。

当宪法赋予各州社会保障事务的职权时，各州有时就能够按其意愿决定与其它州（全面地或者部分地）共同行使被赋予的职权；或采用宽松的合作或协商的形式与其它州进行互动。

联邦职权之下的各个州的社会保障计划，与其它国家中社会保障计划的情形是相同的；它们的运行能够平等地包含诸如职能和地域的分权或“分散职权”问题。 14

六、国际法和超国家法的渊源

为了保证体系的完整性，我们应增加在确定社会保障内容方面越来越重要的超国家法律文书和国际法律文书。当这种国际的、超国家条款与其国内法不一致，而且前者是被直接适用的背景下，情况就会非常特殊。这类国际法和超国家法的内容，将在第十九章论述。

第三章　社会保障的管理

一、社会保障的管理机构

起草制定社会保障法是一回事,实施社会保障法,或者说要使社会保障法得以实施则是另一回事。为了聚集必要的社会保障手段和向适格者核发社会保障福利,就需要社会保障管理。社会保障管理被委托给行政机构或者更准确地说是数量变化不定的或者乃至是一系列的行政机构来承担,在社会保障体系的管理中,每个行政机构都被授予了特殊的任务。这些行政机构数量众多,通常至少得与各种不同社会保障制度相匹配,例如,有不同团体的社会保障安排(计划)适用于人口中的不同部分,就需设置不同社会保障措施(计划)的管理机构实行管理,以服务不同对象群体。因此,按行业来组织的管理系统将至少由分别服务于雇员计划团体、公务员和自由职业者团体的制度来组成。其它管理机关被进一步分工,各自承担筹集社会保险金、给付福利待遇和管理不同社会保障计划的职责。在一些国家,还设置了独立的管理机构负责社会保障数据管理。此外,还会设置独立机构,被委任管理社会保障基金的投资或者监管社会保障的适当管理。

二、社会保障管理机构的首长

各行政级别的工作通常由负政治责任的部长们领导。最常见的就是社会保障和社会福利部长或者社会事务部长。不过,社会保障管理的最高责任相当经常地分散给多个政府成员:除了社会事务部部长外,包括负责医疗保健体系的公共卫生部长,主管失业人群社会保障体系的就业部长。主管某一行业的部长,也负责该行业从业人群的社会保障,这一点是比较特别的。具体说,这意味着,交通部长需要主管交通系统职工的社会保障,内政部长要主管警察的社会保障;等等。这就导致了许多部长都有权实施社会保障,有时就需要创设一个特殊的社会内阁体制。在一些国家中,“社会保障”一词,甚至“社会”一词都被禁止用来命名主管部长的头衔中,因此就只能称为“就业与退休部长”或者类似名称。

通常,会有一个或多个国务秘书协助主管社会保障的部长工作。

部长通过由专职公务员组成的行政部门来履行实施社会保障的职责。部长在社会保障领域的职能,通常包括起草政策、监督政策,以及保障公共利益。另外,部长也会被赋予一定的立法权。

三、社会保障管理的分权

在某些国家,筹集社会保险金和分配社会保障福利是社会保障部门固有的职责。不过,这些操作一般不发生在中央层级。至少,该部门会利用其可能遍布全国或虽未遍布全国但也较发达的本系统的组织(外部“分权”或内部“分权”)来履行职责。但是,在大多数时候,实际的做法会甚于“分权”:管理权会被进一步分散配给按职能划分的管理部门和(或)按地域划分的管理部门。我们将首先关注职能性分权,其次将关注地域式分权。内心必须承认,这两种形式常常是混合的,而且职能性或地域性分权的管理机构也能够将权利进一步分散。

职能性分权意味着将职权让渡给专门化的公共机构或者非专业化的公共机构、半公共机构、私人营利机构或私人非营利机构。

具有法律人格的公共机构常常在被确立后,承担处理某些部分社会保障管理。负责征收和(或)管理社会保障资源的各种基金,或者负责管理被保险人的机构,或者负责确认社会保障体系中某一部门的权利和利益的机构,都是这类例子。

(一)半公共机构的管理

公法上的行政机关应区别于所谓的半公共管理机构。半公共机构也拥有(公法上的)法人人格和自治。半公共机构能够被委托承担部分的社会保障管理,但是,它们不是完全的公法主体,因为它们的董事会不是由排他

地或者主要地由政治权力的代表组成的，而是由所有类型的相关利益群体
16 组成的。这些董事会相当经常地由下列人员的偶数组成：雇员工会和雇主组织，它们联合管理着这些半公共机构。一个群体的多数人都能够真正地享有平等机会陈述其意见，一般而言，雇员群体就是这样的团体。政治权力通过委任代表这种形式，相当经常地承担起行政责任。有时候，这种做法也发生在与社会保障体系中特殊部门有直接利害关系的某些利益群体中。患者组织、残疾人联合会、工会或代表所有提供医疗保健的群体的公司，都可以被要求委任一定数量的代表，在这些半公共性质的管理代理人的董事会里享有表决权或者不享有表决权。这种半公共机构的执行机构的人员，全部或部分地是由社会保障对象直接选举产生的。社会保障选举必须以这种方式进行。但是，也有少数国家，原则上讲，已经证明完全民主制度是成功的。

（二）私人机构的管理

政府也可能把社会保障计划（全部或部分地）委托给非营利或营利的私人机构管理。将部分社会保障计划委托给私主体管理不影响法定社会保障的性质。因为在许多国家，私主体管理社会保障计划时，这种有组织的私主体会被视为职能式公法主体。

非营利性机构常常被要求履行相关职能。这种机构包括志愿者组织，它们有时是某些现有的社会保险或社会救助计划的发源地，并且在社会保障实施中被赋予了更多职责。在某些国家，社会保障计划中的疾病基金或互助保险组织也会被赋予医疗保健方面的社会保障职责。同样的，（与非营利性民间机构关系紧密的）工会也被赋予了相关的职责。

营利性民间机构也会被要求履行社会保障制度管理职能。在这方面，保险公司被赋予的职能最多。这种对私有保险公司的职能式分权显然最常出现在工伤事故风险计划领域。

在迄今提到过的所有职能性分权中，职权既能被授予基于此类目的而专门设立的机构，也能被赋予不是基于这种需要而特别设立的非专门机构。

前一种情形大概更流行，但职能被委托给私人营利机构的除外。当然，委托 17
给其他非专设机构的情形同样存在。例如，社会救助管理就经常被委托给诸如市政当局这类非专设的公共机构。后一种情形当然就属于地域性分权的情况。

雇主让与某些权利或义务，看来是分权给具有良好信誉的非专门机构的另一种路径，即使雇主的作用难以被视为是"社会保障管理机构"所为。然而，在很多社会保险计划中，雇主的确承担着重要的任务。例如，雇主常被要求从其雇员的工资中代扣代缴额定的社会保障金，连同雇主自己应缴的保险费，且该两笔钱是紧密相关的，一并提交给社会保障管理机构。可见，雇主在筹集社会保险金方面发挥着重要作用。有时候，雇主也能参与到职能分配之中：例如，雇主能够负责向患病雇员支付短期的社会保障福利待遇。这种情况常常发生在前"社会主义"国家。

（三）地域性分权与职能性分权

地域性分权意味着更多的中央权力机构将有关社会保障管理的某些职权授予适格的下级权力机构。因此，中央社会事务机构会将某些职责委托给地区或市级的机构。事实上，地方政府常常被要求由地方来管理社会保险计划。职能性分权机构有时不仅仅将自身职权局限于分权和进一步的地域性分权。实际上，也存在地域性分权之下再行职能性分权。

所有的地域性分权和职能性分权的管理机构，都是在授予其职权的当局规定和监督下运行。这些职权时常是能够被详加规定的。资源的管理、所有相关当事人的权利和义务的确定、福利待遇的给付、执行以及其他类似问题，统统都是任务的组成部分。职能性分权机构和地域性分权机构这二者主要关心的是明确的管理任务。但是，有时候，它们也已经由立法机关直接赋予其自有的职责，例如，有关对上级机关的建议权，服从行政规则的义务。更进一步，在某些情形下，它们会被授权就其管理的社会保障计划承担财政责任。换言之，它们要对被委托任务的开支（或收益）承担部分财政责任。

最后，分权概念本身还可以被进一步细分。这种细分同样适合于职能
18 性分权，而对于更好地理解地域性分权概念显得特别有必要。社会保障的分权式管理结构确实不同于联邦式管理结构。当社会保障职权是按联邦式被划分时，宪法本身就会赋予联邦机构和作为其组成部分的各州自身的职权。每个层级都在其自有组成范围内实行自治。唯有中央层级的职权将是由宪法明文或默许赋予的，而立法者或管理者则已经批准、委托某些类型的职权给地域性或职能性的机构。原则上，没有什么能够妨碍中央当局收回其职权。在任何情况下，中央政府都将持续地监督分权机关。而在联邦体制中，由宪法赋予作为其组成的各州的职权，不可能被联邦政府撤回。因此，联邦政府不可能检查各州履行其职责的行为。阐明这一区别后，就能够理解我们为什么仅仅从地域划分的角度提到联邦制，而在功能性分权中，地域性和职能性的范围已经区别开了。据我们所知，既没有宪法命令规定了适当类型的职权从而功能性地界定社会保障机构，也没有立法机关撤销此类社会保障机构。如此看来，功能性联邦制度是不可能的，至少在与社会保障有关的方面，是如此。

四、当事人参与管理

没有相关当事人参与，社会保障制度的管理不可能良性运行。其结果是，社会保障计划将请求有资格享有一定社会保障福利的人有所作为，而不是仅仅持被动的态度。社会保障立法大多要求：福利待遇须经申请方可获得（第六章将有更多论述）。多数社会保障立法也就被社会保险人或社会救助申请人规定了一系列协助义务。这些义务包括主动或被动告知所有与社会保障有关的信息。当事人参与还包括某些规则的完善，例如，发放社会保障卡，就业登记、体检、催缴欠款，或公共福利的实施。

在当今社会，社会保障计划具有重要作用。从经济角度说，社会保障应是最重要的。虽不可能通过举例来说明，但必须思考：在所有国家，都有一定数量的人口依靠社会保障福利和社会保障支出中的份额而勉强度日，政府必须解决其中的预算赤字。因此，社会保障制度，特别是负责社会保障规

制和管理的人们，要能倾听和关注当前社会中发生的所有情况。基于此目的，一些国家已经创设了社会保障方面的专门的参议机构。这些咨询机构 19
的成员来自各个方面，社会的、经济的、宗教的，以及其他团体，他们不参与社会保障管理，而是经常应邀参加社会保障讨论，并提出他们的（重要）建议，以供参考。

五、社会保障管理中的监督

有时候，真正的问题，不是一个人是否被授予资格享有福利待遇，而是一个人能够怎样将其资格转换成金钱。换个说法，被社会保险人或社会救助申请人有时需要保护，是因为其遭遇社会保障管理导致的不公待遇，而不是他们的社会保障权利需要保护。当问题突然出现在公民与社会保障管理之间时，在很多国家，就可能产生对行政监察机构的需求。这类特别机构既能够为了专门的社会（保障）事务而设立，又可以为了更大众化的任务而设立。监察专员不能享有法定授予行政机关的裁判权，但是，他有权调查，依其自身职权或者作为回应社会保障管理过程中存在权利滥用的投诉，他随后能够起草相关报告，该报告可能会被公开。

第十八章将讨论对公民社会保障权的司法保护。

第四章　社会保障适用对象范围

21 一、适用范围的确定

社会保障,如我们所见,是针对面临缺乏收入或特殊开支的个人,采用体现团结互助的计划的综合体系。它是人们之间互济计划的缩影。因此,确定互助互济圈的大小是极其重要的。谁被推定为应为互济制度出力?或者换个角度说,谁是社会保障发挥其筹资功能时适用范围之个人?而谁又能在发生社会风险时享有社会保障的互济计划,或者说,谁是社会保障履行分配职能时的对象?常有人试图找到合并这两类适用主体范围的最佳方式。但是,全世界都存在着这种情况:有些人给付了社会保险金,却无法享受社会保障福利,而另一些人则正好相反。因此,判断社会保障措施适用主体范围,都应该区分为缴纳社会保障金的主体与享受福利待遇的主体。由于两类主体有许多相似之处,并且缴纳社会保障金的主体更适合与社会保障金问题一起讨论,因此,在这一部分中,我们原则上只论述享有福利待遇的主体范围。

按照适用主体的类别来划分社会保险,无疑是最重要的分类方法之一。社会保险原则上覆盖全体公民,因此,也被称为全民保险。但是,当保险适用范围被区分为企业劳动者、自由职业者、公务员或以上群体的子类别时,社会保险则可依据职业类别进行命名。综上所述,社会保险范围可划分为全民保险和职业社会保险,这两个类别将在下文中被进一步分类论述。

二、全民社会保险

全民保险或普通保险保障一国的全体居民。通常,拥有正式居住的住所,并不意味着就被认可为居民;实际上,他(她)将被要求实际地生活在特定的地方,已经被赋予利益,或者显示出与这个国家之间的其它实际的紧密联系。为了进入全民保险网络，一个人将必须证明其在请求社会保障福利之际的住所。这不会抑制国家提出下列要求：为了领取社会保险福利，受益人证明其已居住了一定年数，他(她)必须或者不需要马上申请该福利。

按照国内法，强制的全民保险有时候将适用于在该国工作并且在该国纳税的非本国居民。该制度将经常被排除适用于那些居住于本国但工作在海外且在其工作地纳税的人群。

虽然全民保险主要覆盖本国居民，但也经常向自愿参保的人开放，特别是对与本国有紧密联系但不实际地居住在本国的人群。还有一种人也不鲜见，即他们间隔地居住在尚未建立有效而适当的社会保障的另一个国家。例如：某些国家允许到第三世界国家执行开发项目的本国居民继续保留本国的全民保险资格。全民保险基于自愿覆盖非居民的范围，最经常的主体条件就是相关当事人拥有提供该社会保险的这个国家的国籍。

在所有国家，医疗保健的社会覆盖被委托给国家的健康服务体系，有时候，甚至会发生仅合法停留在本地而非居住本地的人也将从国民健康保险服务中受益的情形。

三、职业的社会保险

职业的社会保险，是基于人们的职业活动报告而向他们提供社会保护，而不是根据其自然人身份或按照其是否是一国居民来提供保护。只有在少数国家可以看到，职业社会保险范围覆盖全体劳动人口；人们更多地看到，针对劳动人口中的不同群体，诸如工薪劳动者、自雇者或者公务员或者在这些类别之下再划分出子类别，提供不同的职业保险。即使职业社会保险平 22
等适用于全体(或绝大多数)劳动者，社会保险主体的范围将依然不可能通过一种单一模式而予以确定，取而代之的是，应当考虑到工薪劳动者、自雇者和其他类似者的组合：实际上，分类应当被更详细地描述和讨论。

我们已经注意到，在许多国家，每周工作少量时间或收入很有限的人通常都不隶属于职业社会保险。

虽然职业的社会保险与社会保险的被保险人的职业活动有关，它还需满足一个条件,即限定在特定的地域内。通常,隶属于职业社会保险的人必须在社会保障适用的特定地域范围内从业或者他(她)应是正在为公司住所地或登记注册地被确认是在特定地域范围之内的雇主而劳动。按照国内法,职业社会保险也可以在自愿基础上适用于不在特定地域内工作的人或不符合有关地域限定的任何条件之人。甚至可以为在国外工作的人群(或者为了他们中的雇员)设立特殊的职业的社会保险,即可以在自愿的基础上设立针对愿意参加保险并符合附加条件的人的职业社会保险。该做法可以为在国外非法劳动的人提供社会保险待遇。

许多国家都对全体企业劳动者提供社会保险制度。这种企业劳动者保险或雇员保险通过劳动者与企业签订劳动合同的方式进行,适用于每个劳动者。在这一方面,社会保障法中的企业劳动者概念与劳动法中的劳动者概念不同:在劳动法中,适用对象特指为劳动者并且可能无法享受雇员保险,而社会保障法中的却不是。在大多数国家,社会保障对待蓝领阶级和白领阶级存在着区别;用体力工作和脑力工作来区别不同的职业。

在一些国家,职业的社会保险对全体自由职业者都适用。但是大多情况下,不同类型的自由职业适用的是不同的社会保险制度,而非统一的制度。也就是说,对于手工艺人、商店店主、各种商人、个体企业的主管、个体农场主等所有的自由职业都有着不同的社会保险制度。当统一的社会保险制度适用于自由职业者时,这种制度总是以消极方式规定其适用的主体范
23 围,即确定为适用于既非企业劳动者又不是公务员的那部分劳动者群体。在对不同类型自由职业者采用不同社会保障制度的国家中,会确立一种包含所有不同于企业劳动者、公务员以及任何自由职业者的劳动者可适用的社会保障制度。

公务员享有其专属的社会保障制度。该制度常常与公务员法相结合。这就时常会导致难以明确区分公务员法与公务员社会保险之间的界限。包括军人和警察在内的所有公务员并不全都适用同一个社会保障制度。军人和警察所适用的社会保障常常按照其就职的政府部门的不同而有所区别。在大多数国家,根据社会保障的宗旨,不是所有就职于政府机关或公法主体

的人都能属于公务员，它们可以按照其职位被视为政府机关的职工（因为不是公务员）并适用职工的社会保障制度。这种情况同样适用于存在非公务员就职于政府机关这一情况的国家，这些劳动者是根据私人的劳动合同而为政府工作的，他们只是工薪族。

根据制度服务的对象，将职业的社会保险团体划分为三种类型，即雇员保险、自雇者保险和公务员保险，这是被普遍接受的分类，但该分类法没有排除基于诸如每个行业或工业的部门等不同而组织起来的职业的社会保险。某些行业或产业部门会由其各自所属的产业来提供完整的社会保险制度。例如，在大多数国家，矿工和海员适用不同的社会保障制度。农民和渔民也如此，有时他们被归入介于自雇者与为这些自雇者提供服务的群体之间的群体，否则，在其他情形下，这两种分类又都能被归入一种和同种制度之中。在有些国家，运动员和演员享有特别的社会保险计划。我们此前已经提到，在一些国家，几乎每一个自雇职业类型都能拥有它自己的社会保险制度。有时，产业部门或行业群体不从普通的职业社会保险体制中分离出来，不过，也可以为他们提供专门适用于他们的特殊的补充保障计划。

这种以职业为依据建设的社会保险制度，具有如下结构性缺陷，即劳动者更换工作时，如从雇员转为自由职业者，或在不同行业或者同一行业内的不同分支行业之间更换职业时，也许会经历社会保险类型的更换。这种变更将引发工龄和投保时间的计算、与收入挂钩的福利和积累的既得权利之计算等一系列特殊问题。在这方面，养老金权利的不可完全转让问题，早已尽人皆知：由于各种职业的社会保险制度之间衔接的缺失或不充分，它涉及到劳动者可能丧失其享有相关福利的资格。 24

一个人当然能够同时从事数种职业活动，不过，这种情况将导致多重的职业社会保险制度的适用。例外的情形下，相关者仅仅参加了从属于其主要职业的制度的，前述这种状况将消除；然而，劳动者通常都希望获得其所从事的所有职业的社会保险待遇之和，至少是本人已缴纳社会保险金的职业之待遇。有时，这种累计会包含劳动者从事的副业所参与的特别的（更优惠）社会保险安排。从福利待遇看，一个劳动者是能够获得两种社会保障制度的资格的，只是这种情况常常发生在下列情形中：在其副业涉及的职业社会保险制度中，保险金的“损失”，既可以是全部的，也可以是部分的，例如，劳动者没法享有常规的福利待遇。另一种可能的情况是，劳动者不区分其主业与副业，但根据职业社会保险制度中的顺序进行操作，待遇将仅仅根据申请人的请求而给付，或者优先被赋予最优级的社会保险福利待遇。

四、社会保险的义务人和权利人

原则上，劳动者的国籍与其享受的社会保险待遇无关；所有合法居住在一国领土内的人都将享有平等待遇。就国家提供社会保险保障而言，若允许享受其待遇时不受领土这一条件限制的，公民身份就确实与之有关。一些国家的社会保险安排确实覆盖在国外居住或工作的本国公民，而不要求其必须在海外参保或者有类似贡献。

社会保险制度的适用范围主要取决于普遍的客观标准。因此，被社会保险人的本质不是与其支付了所有社会保险金相关联。当然，未缴纳社会保险金能够影响其（一定程度上）请求社会保障福利。不过，这不意味着其丧失被社会保险人资格。

加盟社会保险制度的管理机关时，其条件存在与前述相同的情形。

社会保险会在特定的时间终止：例如，一个人已决定停止工作。但是，社会保险的终止并不必然意味着享有福利待遇的所有资格行将结束。原则上，现有的福利待遇会持续；相关社会保险也能够保障在社会保险终止以后的特定时间内发生的社会风险，即使相关者在此时此刻不再是社会保险的被保险人，仍有资格享有社会保险待遇。这种情况称为社会保险的“后
25 劲”。

社会保险的“后劲”不必平等地适用于退出社会保险的所有当事人。许多国家确实在当事人停止工作后继续执行社会保险制度，从他们享有相关福利待遇的时刻开始执行（如从享有养老金或失业保险金开始）。但是，这是属于排斥社会保险对象适用范围分类所导致的结果，或者说，它不是社会保险的任何后续效果之结果。

中止参加退休制度或其他退休计划的人群组成了一个特殊的群体;他们参加了一段时间的养老保障(缴纳了社会保险金),随后又放弃了这一保障(如更换工作或停止工作)。他们的养老金请求权不会因此消灭:他们可以在退休时按照其所缴纳的社会保险金之比例来享有相应的社会福利待遇。

办理社会保险计划时,可以发现这样一群人,他们不(直接)是社会保险的被保险人,却能够请求某些社会福利待遇。他们不是基于自身权利而获得社会福利,而是基于他人直接参与的社会保险。典型的例子就是基于被社会保险人死亡所生的遗属抚恤金、孤儿福利津贴、丧葬费补贴。大多数的这类请求权人都依赖被社会保险人生前扶养:受扶养的配偶和儿童,或其他家庭成员(同住的兄弟姐妹或父母)。必须特别说明的是医疗保险中的共同保险主体;通过确认宽泛的共同保险主体资格范围,以职业为基础的社会保险制度常常赋予几乎所有的本国居民都享有医疗保健的原始权利或派生权利。

一旦与社会保险的被保险人之间的直接或间接联系破裂,固有权利(或原始权利)与派生权利的区分就具有特殊的意义。例如,在离婚的情形下,这就需要确保间接保险主体不会立刻被不公地判定为处于无权的法律地位。第十八章将进一步讨论离婚对社会保障的影响。

五、社会救助的适用范围

社会救助计划可以分为一般救助和特殊类型救助。一般救助原则上覆盖一国全体公民或其他居住于本国的居民。特殊类型救助只用于本国公民或居住于本国的必须救助对象(如盲人、老年人等)。在某些国家,由于缺乏严谨的所得税制度,实行家庭资产状况调查并非易事;在这些国家,有时就选择不设立一般救助计划而是分类设立救助计划,帮助自愿公开自己 26
(部分)收入的人口。

有人认为,社会救助常常要求受益者必须是救助国的公民。另外,在特定条件下,救助国的公民若发现他们在国外处于贫困状态,有时也会成为社会救助对象。

公民身份通常不是社会救助的充分条件：有资格求助者也被期待着是居住在本国的。实践中，社会救助对象还被要求说明其在本国的居住地（官方或非官方认证的），从而才能向负责社会救助计划管理的地方政府申请救助福利待遇。社会救助会面临如下特殊情况，即无家可归者很难有效地享受到他们有资格享有的社会救助，因为地方当局认为这些人不属于本地管辖范围。在某些国家，通过向这些无家可归者提供“救助所”来克服这一困难，经由法律规定，认定这些无家可归者是拥有其住所的，将他们最后的居留地或他们的出生地视为此处所称的他们的住所。救助所的安置也能够帮助市政当局化解城市面临如下困境：能确认是居住在其辖区内的居民提出的大量救助申请，这是针对老年人、残疾人和被遗弃儿童，其辖区范围内现行所有类型的住房和照护机制导致的结果。

原则上，社会救助是作为一项个人权利被授予有资格求助者的，不过，该救助范围仍可以依赖于他（她）的家庭构成作为基础而确定。仅仅在例外情形下，社会救助计划才会面向家庭提供救助；这种情况非常特殊，因为正常情况下，家庭这种单位不具有作为此类救助对象的法律地位。

对在本国非法就业的外国人的社会保护，在所有国家都是非常复杂而且时常引起许多争议的问题。对这个问题的认识可以归纳为两种极端的立场：一方主张，这些外国人是非法滞留和（或者）非法工作在这个国家，因此，他们无权获得任何社会保护；另一方则认为，社会保障是人权，因此，应该授予给所有人，而不论他们是否拥有合法身份。对此问题的具体解决方法在各国不尽相同。我们将进一步讨论非法就业的移民的社会保护，并形成若干宽泛的原则，或许这些原则将有助于解决该问题。

紧急的和必要的医疗照护，将不会因为他（她）是非法就业的移民而就
27 对其予以保留。社会救助面向最贫困的人口，为了让穷人活得有尊严，就不会拒绝向他们提供救助，只要他（她）不属于被驱逐出境的对象，就是能够停留在这个国家的。

社会救助福利待遇的构成取决于所提供什么样的福利待遇水平，而前

两者又是受制于非法移民最终将获得的法律地位。当非法移民劳动者被有效地迁移出境时，若福利待遇特别致力于加强一体化（如职业康复），其意义就不大。类似的情况是，有国家把非法移民划分为不同类别，不同类别的非法移民（非法移民劳动者）适用不同福利。因被驱逐而处于非法等待中的外国人，他们处于被扣押状态，这些人将会获得主要是实物形式的福利待遇。为了不吸引太多的非法移民劳动者，凡不是正式申请避难的，国家都不会给予任何形式的资金救助，并且对实物救助进行限制。（基于“新情况”）第二次申请避难的人，其停留在该国的希望就会减小。其结果是，国家可能决定将财政救助更改为服务类的救助。

当儿童非法滞留他国时，他们将享有与该国儿童相同的社会的或其它保护，包括儿童福利权。

有所有情形下，认识到非法移民劳动者享有某些社会保障权，都不会必然地使受益人免于被驱逐出境。更困难的问题是，向非法移民劳动者提供福利的管理机关是否应该将此情况报告给移民局。

与居住在一国有关的其他权利，特别是当这些国家采用综合性的社会保护方案时，似乎不适合用于非法移民劳动者的延期。既然全民保障制度常常有国家预算提供财政支持，而非法移民劳动者通常没有缴纳所得税，所以，非法移民劳动者不适合享有通过全民收入再分配而得的福利。实际上，在间接税收领域，他们也有为社会保障资金纳税，但是，这种观点并无影响力。

由于收入再分配与职业挂钩，非法移民劳动者通常在非正规经济体中工作，因此，只能与在非法或法律未规定的经济体中的本国劳动者处于同一法律地位。原则上，这些劳动者是被社会保险排除在外的，但也存在例外情况。例如，在许多国家，劳动者都有从社会保障和（或）雇主那里获得工伤保险专门赔偿的资格，即使劳动者未经登记，换言之，即使劳动者在非正规
经济体中工作也一样。 28

更复杂的情况也存在，就是非法移民劳动者虽然是非法滞留，却以合法方式被聘用了。这种情形的发生，是由于雇主向社会保障部门报告了其雇

佣情况，而且社会保障部门把非法移民登记为常规的、合法的劳动者。

最后，我们希望能关注“被默许”的灰色地带，即在本国停留和(或)工作的无国籍人。显然，很多国家明知如下状况：无国籍人不被允许居留和(或)工作的，但仍然默许他们居留(例如，以人道主义的理由，或者其来源国正在遭受着灾难，或者该人病了，不可能遣返一个病中的移民)。社会保障在不同国家之间差距很大，但是，至少所有国家都不会考虑将其归化，如果情况允许，都会更愿意送他们回去。

大多的社会保障计划在社会风险发生前就已经明确了其保险的对象人群的范围；这些制度引导着全体被保险人。其余社会保障计划则将只有在社会风险发生时才能知晓作为其保险的对象的当事人，这些制度则引导着管理机关。

需要注意的是，诚如此前提到的，社会保障是通过在个人与群体之间的资金转换，通过社会团结，在人们遭受社会风险(威胁)时实现互济，实现人与人之间的共存。互济措施在同一代人中运行(如健康者与病患者之间，或就业者与失业者之间)，这种互济措施被称为代内互济或横向互济。而隔代互济或纵向互济，例如，不同代人之间的互济，如今也越来越重要了。显然，在再分配体制中，隔代互济对于老年人养老金和退休福利是十分重要的。隔代互济意味着更有活力的年轻一代需要满足前一代人的社会保障需求(主要是养老金)，它也表明，现在的人们不愿意将不合理负担转移给未来的人们。

也要注意，观念上成对的选择性或普遍性社会保障，无关乎社会保障对象范围，而是与下列问题有关，即社会保障福利是应该授予实际需要之人还
29 是应该授予那些符合所设立的一般条件之人，而且后一人群是否真的需要社会保障福利。

第五章　社会风险的概念和类型

一、社会风险的定义和分类 30

我们将社会保障定义如下:它是为面临失去收入或特别费用开支(威胁)的人们而采取的体现社会团结的资金计划;它与“已被认识”的社会风险的出现有着密切联系。目前采用的社会保障定义,诚如前所述,为“被认识的社会风险”的内涵预留了开放的空间,使其可以随着社会保障的发展,对可能出现的新问题做出回应。

当列举社会风险时,相关文献常常把国际劳工组织第102号公约的列举作为起点。该公约规定了社会保障的最低标准:医疗保健、疾病津贴、失业救济金、养老金、工伤补助金、家庭补助金、生育津贴、伤残抚恤金、遗属抚恤金。显然,这些列举都与福利计划有关,而非与社会风险有关:该做法有利于人们迅速对除列举之外的可供选择的损害产生结构性的认知。这种列举的确列明了许多(被认识)的社会风险,因为它列举了对医疗保健、疾病、失业、老年、工伤、家庭负担、生育、残疾、成为遗属等风险的救济需要。

本章将区分社会风险的类型,后续各章则将分别予以论述:失去收入对因年老而不(或不再)工作的老年人的影响(第七章);丧失劳动能力(第九章),失业(第十章);因扶养人死亡导致失去收入(第八章);抚养和照料儿童、其他无独立生活能力者和其他家庭成员有关的特殊开支(第十一章);(覆盖全部费用)医疗保健需求(第十二章);以及欠缺过上体面生活的基本条件(第十四章)。 31

显然,在许多情形下,这一分类方法不同于国际劳工组织的规定。例如,本书没有将工伤、生育、疾病或残疾设置为独立章进行阐述。同时,我们还分类出了贫穷这一风险;增加丧失自理能力或失去依赖关系的风险(第十三章)这种类型。下面,我们具体分析这些分类。

若选择从现实出发而非从某一法律体系出发，我们马上就会发现疾病与残疾并没有本质区别：它们都包括对因丧失劳动能力而失去收入的人提供救济。当然，事实上，许多国家的社会保障制度都区分了短期或暂时的丧失劳动能力与长期或永久丧失劳动能力，但即使如此，救济风险的方式在本质上仍是相同的。那些针对丧失劳动能力的特殊优待计划，例如，曾经历工伤、职业病、生育时获得的替代性收入福利金等，也都如此。

必须指出，工伤、职业病和生育福利计划基本上覆盖了其它社会风险：一般说来，它们均提供了更优惠的医疗保健计划；它们有时也保障遗属抚恤金（诸如工伤或职业病的幸存者）。我们应当在有关遗产继承权、丧失劳动能力和医疗保健的各章中分别讨论工伤、职业病和生育福利计划。

我们不打算将关于社会风险的讨论聚焦在某个法律体系中，所以，我们必须在本章中就“工伤”、“职业病”和“生育”的主体作出分类。但是，我们又需要阐明为什么把“缺乏过上体面生活的必要条件（如贫困）”作为一种特有的社会风险。如前所述，一方面，在有些国家，不存在“社会保障”这种属概念，或将“社会保障”等同于“社会保险”概念；国际组织有时也这么处理。另一方面，社会保障学者不会对“社会救助”构成社会保障的一个完整的部分这一事实存有争议。我们将用独立一章阐明贫穷这种社会风险，并主要讨论一般的社会救助。只要提到社会风险，划分出各类救助计划的章节似乎最常表现为“混合章”：例如，对老年人的社会救助，既可以被视为“老年”这一风险，也可以被视为“贫穷”的风险。因此，基于特定的目的，我们决定将分类计划与特有社会风险相结合而编排章之结构，而不将其置于“贫困”一章之下。

二、工伤

不安全的劳动条件是社会发展过程中的首要困难之一：无数工人在劳
32 动场所非死即伤，缺乏充足的预防措施和全面的机械操作安全规则。因此，多年来，创造安全的劳动条件这一岗前社会保障计划有效遏制了大量工伤事故的发生。但是，仍然有劳动者成为工伤事故的受害者。必须注意到，工伤的概念经过一段时间后已经得到了扩展，一般来说，工伤被定义为劳动者在工作期间遭受的伤害。然而，在不同的国家，对劳动者与工伤事故这两个概念有着不同的解释。有些国家的保护十分充分，它们将工伤事故规定为发生在工作时间内的伤害。而另一些国家则要求必须发生在履行劳动合同行为的期间。在许多国家，发生在上下班途中的意外事故也属于工伤。为拯救他人而受到伤害也属于工伤。在大多数国家，某种意外事件是否属于工伤会在判例法中规定。此外，立法者时常会设定一些特殊的举证规则，从而使劳动者能够更容易地证明工伤事实的存在。

社会保障为工伤设立特殊计划或待遇（与其他意外伤害相比），是基于下列理由：要使那些经常发生工伤的企业支付更高的社会保险金，以及（或者）向工伤受害人提供比一般伤害事件受害人更优惠的福利待遇。给予工伤的受害人更高福利待遇，不仅是由于其失去收入，还因为其遭受了身体健康损害。此外，工伤受害人将享有完全免费的医疗保健待遇，尽管它可能涉及医疗服务中的强制性待遇，而该医疗服务又是由雇主设立的。

更优惠的保障计划能够包括单独创设工伤社会保险。但是，工伤保险也能够被处理丧失劳动能力、遗属福利和（或者）医疗照护等问题的其它社会保障计划所涵盖。在一些例外情形下，工伤和职业病都将被一种职业健康损害社会保险所覆盖。

三、职业病

劳动者的健康受到损害，不仅仅由突发的意外事件造成，也会因长期处于有害工作环境所致（如存在某些有害材料或射线），这个问题已经十分明显。职业病损害，不像工伤事故那样会立刻显现后果，而是要在一段时间后才会显现出来，甚至在劳动合同期限届满后才显现。因此，考虑到劳动者在提供患有职业病的证据等方面遇到的特殊难处，必须对职业病做出特殊规定。“职业病”概念一般是指因处于对人体健康有害的工作环境而引发的疾病。一般来说，描述职业病可以有两种方法：定义法或列举法。对于定义法，如“开放性定义法”认为，所有疾病都可以被认定为职业病，只要患者能 33

证明其职业行为与疾病产生之间存在因果关系。使用列举法时，只有当疾病属于法定的职业病列举范畴的，才属于职业病。只要患法定的职业病且该疾病与其工作中存在的危害一致，就推定该疾病与职业行为之间存在因果关系。当事人只需要证明其曾在存在法定职业病危害的企业或部门工作过，就可作为其在危害环境中工作这一事实的证据。在大多国家，如今都同时采用“列举法”和“开放性定义法”，即采用“混合”标准：以列举法为基准，有时也通过严格的举证规则给予受害者出示证据的机会。他（她）需要证明（不在列举范畴内的）疾病确实是由于长期处于有害健康的工作环境所致。

诚如工伤的情形，某一疾病是否属于职业病，常常是由精心制作的判例法来规定。同样，立法者时常会设定一些特殊的举证规则，以确保劳动者更容易证明职业病事实的存在。

在社会保障中，考虑将疾病实际地确定为职业病的理由非常类似于工伤的确定：职业病发生率越高的企业，需要支付的社会保险金越多，以及（或）为职业病患者提供优于一般患者的福利待遇。职业病患者被授予更高福利待遇，不仅是由于其失去收入，还因为其遭受了身体健康损害。此外，职业病患者将主要享有完全免费的医疗保健待遇。

更优惠的职业病计划能够包含单独设立职业病社会保险。不过，它也能够与诸如丧失劳动能力、遗属抚恤金和（或）医疗保健待遇等其它社会保障计划合并设立。在一些例外情形下，工伤和职业病都将被一种职业健康损害社会保险覆盖。

职业病福利制度的特殊性，是其有时会强制核准福利发放以防范此类职业病发生。该制度向那些长期处于有害健康的工作环境而患有职业病的劳动者提供替代性收入福利（或为更换成收入更低的工作时的补充性职业
34 收入福利）。

从属于工伤和（或）职业病的社会保险计划不同于社会保障的其他分支，与其说它是为了保障雇员，倒不如说它是为了保障雇主。事实上，这类计划就是主要源自雇主（客观）责任保险。这个特殊因素也体现在这类福

利计划的管理中，这类福利计划时常被委托给雇主、雇主组织或私营保险公司进行管理。

覆盖工伤和(或)职业病的社会保险计划能够专属适用于雇员和公务员(有时甚至仅仅适用于体力劳动者)；有时这类计划也会基于强制或自愿基础上适用于自雇者。

四、生育

生育，基于其自身原因有时会被划分为一种社会风险类型。在进一步研究中，应当说明，从独立分类的原因看，将生育独立出来，仅仅是关心它作为丧失劳动能力并有医疗保健需求的一种特殊形式。如同其他任何地方一样，考虑这种特殊原因的医疗保健需求将导向更优惠的保障计划。这基本上意味着与怀孕和生育有关的医疗保健服务都将是免费的。孕妇是因怀孕才丧失劳动能力而失去收入的，针对此而设置的生育保险的特性在于，丧失劳动能力的期间毋庸置疑会被推定为分娩之后的数周时间。生育保险受益人所获得的福利待遇必然优惠于基于其它原因而丧失劳动能力者。同样的，更优惠的福利计划就可能会形成一种单独的生育社会保险种类。也可能与丧失劳动能力或医疗保健待遇等其它计划合并规定。

有时，父亲福利可以伴随着母亲福利而存在，或者可以在无母亲福利(无人享有母亲福利)的情况下出现。

必须将前述的父母福利与允许父母在家照顾年幼或患病的孩子这一社会保障福利相区别。当设立医疗保险(第十三章)时，必须对这些福利计划做出规定。

五、社会风险的判断

再次回到本章原点，讨论社会风险。是否把某一社会保障需求认定为“社会风险”，取决于是否存在被社会普遍接受的信念，是否在规定相应意外灾害类型的生效立法中予以体现。这种将某种社会保障需求作为社会风险的概念，其内容或许在一段时间后会有所变化：有些需求不易被认可为构成一种单独的社会风险，而另外一些需求则经常被认定为可以单独构成社会风险。有些对社会保障的部分需求不会一直被某一种类型的需求所包
35 含，它们也可能被划分为不同的、独立的社会风险类型。

当我们进一步分类社会风险时，首要的是专业地定义其概念。“社会风险”这一表述至今仍在使用，如今将更加明确，“风险”概念不能按照其常规理解将其解释为一个不确定的个体无法预计的将来事件。否则，诸如达到退休年龄、抚育孩子的需求（但愿是）就无法被称为“风险”。在本书中，从概念上讲，社会风险是指那些需要社会保障的意外事件。但我们仍然继续采用社会“风险”一词，因为它已经普及，并且被广泛使用。虽然在某些文献中，“意外事件”一词的使用率高于“社会风险”。

有人可能会好奇，早期社会中的一些风险是否应该被现在认可，特别是当国家立法机关废除了相应的福利计划时。在这一方面，能够想到的就是“遗属”风险。在夫妻分工明确的社会，丈夫在外工作，妻子则做家庭主妇，失去唯一的家庭收入来源，即丈夫的收入，肯定会导致对遗属的社会保障的重大需求。但是，在当代社会，每一个人，包括婚姻中的配偶双方，都被期待着为自己或家庭而外出工作赚钱，配偶死亡不会导致对特殊社会保护的巨大需求，除非要帮助一个人适应这种新状态下的初期生活。显然，对这种观点，是能够提出反对的，认为配偶之一仍旧可以选择做家庭主妇；的确如此，但是，这是家庭的内部分工，且不会引起任何外部影响，除了仍旧要提供适应期福利以确保遗属重新进入劳动市场等情况。但是，这些论证大概不能将所有情况包括其中，例如，不适用于依旧按照早期社会模式生活的老年人群。然而，问题依然存在，“遗属”风险是否能经得起时间考验而不被废除。“遗属”对某些方面社会保障的需求，诸如适应期福利待遇，有可能被划分在“失业”等体系中。在一些国家，立法者已经有这种打算。虽然如此，我们必须强调，一旦一个社会风险已获得社会保障制度的认可，则该制度将最大程度地默认对其开放。

对社会保护的社会需求是巨大的，因社会风险逐渐增多而催生的社会保障需求永远多于法定的社会保障需求。但是，这些理由不意味着社会保

障体系会将迄今为止的每一种需求和风险都纳入其体系。针对社会保障的许多新需求常常被已有的“法定”社会风险的体系所吸收。这些新需求或许在社会保障范围之外也可以被满足。同时,也存在社会保障需求变得越 36
发强烈的情况,并呈现出社会迫切需要将某种需求认定为完全成熟的社会风险的特性。确定哪些人或哪种风险最终会被认定为社会风险而纳入社会保障的需求,实属不易。在任何情况下,立法机关在这一过程中的地位都举足轻重,只要立法机关为意外事件制订了专门的相关立法或实施规范等,其就可以被认定为一种社会风险。此外,也有其它重要因素会使一种特殊的社会保障需求成为一种社会风险:例如,媒体或民众的意见。因此,某种一致的社会保障客观需求,在一个国家或一种社会保障体系中被认定为社会风险,却不被其它国家或社会保障体系所认可。

在那些无力应对的需求中,照护需求就是社会保护需求的一个极好例子,在大量的国家,现在都开始将其作为社会风险来认识了。对于因无能力自我照料(诸如衣、食、住等)而产生的社会保护需求,许多国家如今已经不定时地从社会保障上作出了部分回应。相应的计划也体现在丧失劳动能力的计划、养老金、医疗保健计划或家庭补助金以及社会救助方面。因此,照护需求也可能被归类纳入这些各不相同的类型中。但是,如前所述,对丧失自理能力或丧失独立生活能力状况的制度反应仅仅是一部分,所以,它们无法充分满足大量人群面临非因疾病或事故引起的严重能力丧失时的专门社会保障需求。因此,我们决定在传统的社会风险种类中增加“照护”(或“依赖”或“丧失自理能力”)风险,并且设独立一章(第十三章)讨论这一风险。

所有这些都显示出,社会保护的某些(部分)需求是如何被国家社会保障制度中不同名目的这种或者那种已被认识的社会风险所交替覆盖的。此类例子是大量的。让老年雇员在正常退休年龄之前退出劳动市场的计划,在某些时候会被界定为失业计划,而在另一些时候,则被视为是在回应“老年”这一社会风险。一些国家的社会保障制度准许父母离开工作岗位若干时日以便照顾病儿,构成一个国家提供的无劳动能力福利计划的一部分,而在另一个国家,则被界定为家庭补助金制度。

我们顺便可以注意到，国家社会保障制度处理已被认知的社会风险的途径之多样性，不应该与社会保障计划中一种或者同种制度有时可能导致
37 的操作差异性相混淆。事实上，当“相关的”社会风险在一种或同种社会保障制度内享有非常不同的保护时，对此感兴趣者（诸如有资格享有该福利的人，有时候则是他们的雇主）时常会趋向于做这个时候他们能够做的一切，去争取基于该社会风险的侵袭而被授予的最优惠待遇。例如，无工作的人可能更愿意被认定为残疾人并获得相应的补助金，而不愿意获得较低金额且有时间限制的失业救济金。

当我们考虑社会保障（管理机关）从为社会保障覆盖的社会风险之责任人那里获得某些福利的费用之可能性时，就发现了截然不同的问题，可以说它现在已危如累卵。这一点有些时候确实是非常明确的：如果某个义务人履行了他（她）的法律义务（如给付赡养费），或者假如一个人没有侵权（如引起健康损害），受害者就将不会需要社会保障福利（例如，社会救助、医疗保健、丧失劳动能力福利等）。当社会保障福利因社会风险而被给付，而且应对该风险应承担责任之人或者原因者（或者债务人）是已知晓的，该福利给付将构成社会保障遭受到的损害之金额。因此，在许多国家，社会保障行政主体会要求责任人对这些灾难做出赔偿，例如，那些在社会保障行政主体和社会风险受害主体关系中的第三方主体，这一制度指的就是“第三方责任”或者是社会保障可向第三方追偿的可能性。用法律术语说，这种损害赔偿或追偿常常形成社会保障行政主体代位受害者（或原债权人）行使权利的制度，只有在例外情况下，社会保障法才会要求当事人自行采取法律行为对抗责任人并且将赔偿（相当于社会保障福利待遇的获得）上交给社会保障行政主体。

从第三方责任主体处获得损害赔偿的情形，通常发生在与丧失劳动能力福利待遇有关的事件中，有时也发生在与医疗保健福利和遗属抚恤金有关的事件中。此外，还可能与社会救助福利有关。一般说来，社会保障行政主体设定的第三方责任不可能高于依据一般责任法（或家庭法）其所需承担的责任。即使受益人已获得社会保障福利，通常也仍然有权采取法律行

为，要求责任人针对损害而履行其在社会保障要求之外的赔偿责任。

最后，我们再次强调，社会保障需求也会在社会保障制度之外获得满足，这一点在第一章中已经说明，除了社会保障制度外，还存在其它的互济 38
途径。

有些社会保障的需要得到认知，已经有相当长时间了，即使它们没有被社会保障制度以“社会风险”这类术语加以定义。例如，纳入社会保障法（教材）的相应福利计划的内容，如同社会保障机关的管理，将为风险成为社会保障制度实际认可的社会风险铺平了道路。在本书中，我们特别想到了租赁和住房津贴或授予学生的所有类型的现金福利，一些国家已经将这 39
些纳入其社会保障福利了。

第六章　社会风险与社会福利概述

一、社会福利的补偿方式

在社会保障制度中,社会福利是用于抵御社会风险的。这些社会福利,通过采用恢复到社会风险发生时的原状或社会风险补偿来应对社会风险。社会福利,首先,是旨在预防社会风险发生时可能引起的所有损害;其次,才是尽力恢复原状;最后,应该对社会风险造成的损害实行补偿。但是,实践中,我们不可以无视这一事实:社会保障主要与前述最后一个功能有关:即补偿。预防和恢复的功能越重要,它们在社会保障中就越时常越处于次要的位置。当然,这不意味着它们在社会保障领域外不发挥重要作用。在这方面的例子举不胜举:对于就业政策、劳动安全措施,甚至教育和社会秩序维护等,它们都十分重要。

社会保障福利待遇,既可以是实物形式的,也可以是现金形式的。如第一章所述,我们将主要关注现金形式的福利待遇,因为若将所有的社会服务和措施都作为应对法定社会风险(的开销),就会超出本书的研究范畴。医疗保健和照护,法律已经认可其为两种福利待遇,故本书例外地对其进行讨论。

二、福利金额的计算

现金福利可以由固定金额(统一福利额)组成,但它们也可以与受益人
41 原先赚取的收入、早期的职业收入或工资有关;它们也可以通过很好地综合运用这些技术方法进行计算而得。

在与职业挂钩的社会保险制度中,福利待遇的计算是按平均工资或一定期限(一定的可参照期限)内的职业收入的百分比计算的。通常,都会设置现金福利待遇的上限:即使过去的工资或职业收入较高,其福利待遇也会

被按照相关的上限金额进行计算。这种上限设置同样适用于社会保障金的计算。在某些情形下,也存在最低福利金福利待遇,即下限:如果按照常规方式计算所确定的福利金数额较低,就采用最低福利金的数额。

覆盖全民的(和全民式补助的)社会保险计划通常采用固定金额。社会救助福利也可以采用固定金额,不过,它更经常取决于相关人员的需求和收入。

确定统一福利金额的额度方式有很多。显然,首先,由政府部门确定固定金额,它不考虑其它的可变因素。通常,最低工资额或平均工资额会被作为确定固定金额时的参考因素。在社会救助计划中,固定金额是在过上体面生活所必需的开支(即一揽子商品)基础上确定的。当然,哪些商品和服务被认定为属于过上体面生活的必需品,则由政府规定。在大多数国家,由社会学家划定的贫困线总会超过社会救助供给的资金额。而且一般来说,依社会保险计划确定的最低值,有时也会高于社会救助所供给的资金额。

社会保险福利金通常都需要应对贬值的风险。因此,政府有权修改社会保险福利金的额度,这种修改不一定是定期进行。但是,大多时候,福利金是否需要应对贬值或如何应对贬值,不是由政府决定,而是由自动调整机制发挥作用。对于按照过去的工资或职业收入的百分比来计算的福利金,会在采用新的金额计算出百分比之后,把(按照过去的平均工资或职业收入)计算出的金额转化为与新的货币价值相当的金额。

如果可行的话,最大值基准和最小值基准的计算肯定也会被调整。同 42
时,统一福利金额也会直接被调整。

社会福利所要应对的贬值风险是多种形式的:与通货膨胀总体水平有关、与购买力的比例有关、与平均工资水平有关等。在(大量指定商品和服务的)物价增长之后,政府会在特定时间记录官方通货膨胀率,然后按照一定的比对规则,确定提高平均工资水平的方式,或采用其它手段来应对贬值。虽然这些比对规则是基于客观数据确定的,但我们仍应考虑到为这些政策目的保留一定空间(例如,哪些商品的价格会被纳入考虑和在多大程度上被考虑)。当必须按照物价增长的某些指数进行调整时,就采用“物价指数法”;当福利待遇必须按照工资或职业收入增长进行调整时,就采用“适应性增长”福利,后者比前者更常被采用,采用后者,与其说是基于自动调整机制,不如说是取决于政府的决定。自动调整的期限可以设定为每月、每几个月、每年一次或其它确定期限。物价指数法和增长调整法都是对过去的计算:计算从过去到当下的某一段时间的增长状况作为从当下到之后某个时期的福利待遇增长的参考。只要自动调整的幅度在一段时间内没有太剧烈波动,这种机制的采用就不会有太多问题。这种情形不同于发生极高通货膨胀率国家的社会保险福利供给,在这种情况下,需要根据预计的购买力、物价和工资水平的增长来进行计算。

固定金额或百分比模式决定了社会保障福利金水平常常不同于按照人们生活状况给予的福利待遇。社会保障福利金通常为那些有扶养需要的配偶和(或)儿童的人提供较高福利待遇。“无独立能力”概念在不同的社会保障计划中是可以被解释多种意思的;它通常是指没赚钱,其中,部分人的确属于生活需要依赖他人的,但是,部分人则是因为承担家庭事务而无收入的。通常,准许向需要扶养伴侣的人提供更高的社会福利待遇,其实对伴侣双方都不利,这种情况是经常发生的。因为此增加的福利是仍然低于伴侣双方若为两个单身人时各自均有资格获得的福利金额之和。正因如此,时常有人在他们共同家庭事务管理上,试图让社会保障制度蒙在鼓里;当除了已
43 婚伴侣,未婚伴侣也能够被认定为无独立能力者时,这种情况就值得关注。

准予需要扶养伴侣的个人更高的福利待遇,是因为与单身者的状况相比,他(她)确实对社会保障有更大需求,而增加的福利待遇低于两个单身者福利之和的事实,是认为两个人在一起生活会降低成本,这应该与共同居住者之间是否存在性关系完全无关。无论如何,我们会发现,这种关系的存在或认定取决于共同居住的双方是否被认定存在且维持共同承担家计的状态。法律推定配偶需要同居;有时也可以被反向推定。

三、影响享受福利金的因素

虽然社会保障福利金额可以被清楚地确定,但仍然保持查验受益人是

否将实际地领取到相对应的金额。可能的做法是，在开始阶段，基于资产调查而核准福利。其后，有资格获得福利者可以同时申请一种以上的社会保障福利；不过，已经证实，申请人不可能不受限制地累计领取这些福利待遇。

（一）家庭资产状况调查

救助福利和一定程度的国民补助或者有时甚至是其他社会保险福利将仅仅被准予面向那些财产未超过某个数额的人群；而这些财产或许要全部或部分地从一般的固定福利金额中扣除。家庭资产状况调查的对象多种多样，下文将对此进行论述。

首先，仅仅考虑对申请人的职业收入或工资进行调查，是一种可能；其次，另一种可能是将申请人的全部收入纳入调查范围。有时甚至连非真实收入也被纳入调查，诸如当一个人居住在属于他自己所有的财产的家里。此外，该调查也包括职业收入及其它类型的收入。家庭资产状况调查有时不仅仅是收入调查，也包括了对一个人（各个方面的）财产的调查。在这种情况下，某些形式的收入或个人财产的一部分可能因为特殊理由而被排除调查；例如，排除个人工资的一部分是为了防止其变懒惰，或者一个人自有（普通的）房屋的价值被排除是以免迫使屋主靠卖房而获得社会保障福利。

把收入和财产两者均纳入资产状况调查范畴的情况，通常只发生在一个人申请他（她）本人的福利时；但是，配偶或伴侣甚至是子女或者其他家庭成员以及共同居住者的收入或财产，也常常会被纳入调查范围。

实施有效的家庭资产状况调查并非易事。最简单的方法就是利用税务机关收集来的数据。因此，家庭资产状况调查中的收入通常是由税务机关确定的可征税收入。但是，可征税收入有时或许难以代表一个人的财富或 44
社会保障需求，可征税收入的金额或许是已经减免税之后的结果，它可以满足税收计算的目的，却与社会保障目标无关。例如，在某些国家，某些形式的储蓄、贷款、抵押、人寿保险等都会导致可征税收入的缩减，这些缩减是否应纳入家庭资产状况调查，十分值得探究。为了解决这一问题，一些国家发展了社会收入的概念，使用税收数据，但不使用其最后形成的可征税收入：

通过税收机关提供的信息计算收入，但明显不同的是，诸如妨碍社会保障目的的减免税都不予考虑。

妨碍家庭资产状况调查有效实施的另一个问题是，除社会保障申请人之外，其他人的收入或财产也需要被调查。因此就可能产生他人必须公布其收入或财产的困扰。

此外，当家庭资产状况调查适用于同时领取着多种福利待遇（例如，同时领取遗属抚恤金、临时性社会救助福利、取暖津贴）者时，还可能产生问题。因为当每一种福利调查是分别进行时，将导致不可接受的结果。

（二）福利待遇的累计

有时候，一个人同时申请一种以上的社会保障福利，是可能的。当一个人遭受了不同社会风险或者他（她）遭受的同一种社会风险被一个以上社会保障计划覆盖时，这种情形就可能发生。前一种情形的例子，可以参考一个人享有养老金而其配偶享有遗属抚恤金；后者的例子可以参考一个受雇于他人的劳动者同时也是一个自由职业者，他因此享有两种职业社会保险计划的福利。社会保障法或许不反对一个人同时享有两份社会福利；但是，它通常不允许这种福利无限制地累计获取。限制福利累计的规定通常非常复杂；总之，最终不会允许无限制享有两种福利的状况发生：当事人必须做出选择，要么享受最优惠的福利，要么获得有限累计的福利，例如，总额不超过某个最大值。

（三）福利待遇的融合

还需要厘清一个完全不同于福利累计的问题：不同福利待遇的融合。鉴于在同一个社会风险中的各种福利可以单独设立，个人保险的福利也可以基于团体保险或集体合同的福利而设立；同样地，个人保险福利也可以基
45 于法定社会保障计划而设立。例如，说团体福利计划是按照某一行业职工原职业收入的一定比例向那些因丧失劳动能力或失业或退休的职工发放替代性收入。团体福利计划只是发放了由法定社会保障计划提供的福利；因

此可以说,团体福利与作为法定保障措施的福利相互融合了。这一由团体计划提供的福利,会面临承担不确定义务的风险,因为法定福利额可能会改变,并且很可能是降低。因此,大多基于法定计划设立的团体合同会由那些不同于(如独立于)法定福利中的可变因素的福利计划来提供福利。这种情况也适用于那些建立在团体计划或法定社会保障计划基础上的个人合同。另外,各个法定福利之间也可能发生融合,例如,当工伤制度比一般的丧失劳动能力制度提供了更高比例的替代性收入时,工伤保险只会补足丧失劳动能力制度所提供的福利金之差额,就达到了工伤福利待遇应提供的金额。在这个例子中,福利融合和(限制)福利累计这两种现象同时体现了。

四、社会福利待遇给付

社会保障福利是以无限期或有限期的方式供给的。无论如何,只要社会风险消失(如失业的人找到工作、儿童有了独立能力)了或不再符合福利供给的条件时,福利待遇就会停止给付。但是,福利待遇也会因时效终止而停止,而不论权利人的状况是否发生改变。通常这一状况发生在失业救济金给付中,给付福利的时间可以是固定期间或取决于受益人的年龄或就业、保险、社会保障金缴纳记录。

社会保障福利权不可废弃、不可转让,也不能剥夺;不过,这不适用此类福利本身,尽管也可以对剥夺核心社会保障福利施加特殊限制。这些限制旨在保留有利于受益人的福利的核心金额。类似的情况是,放弃、让与、负担那些期限尚未届满的社会保障福利的可能性,时常也受到限制。

一般来说,社会保障福利不会自动给付:适格当事人必须主动申请社会保障福利的给付。不过,当申请所针对的社会风险是未被政府或社会保障管理机关认知的情形下,该社会保障福利申请不会生效。有点奇怪的是,当 46
行政机关利用全部的必要信息去判定社会保障福利应该在何时、向谁支付时,它又是可以适用的。对此,可以作如下很好的说明:一个人申请普通养老金给付,而且这种养老金已生效,是统一的、不需要经家庭资产状况调查,凡达到一定年龄的人，都可获得的。但是，基于社会保障机构主动作为而核准将社会保障福利给付给受益人的数量在增多。这种情况最常反映在社会救助领域，严格地讲，也体现在前述的养老金领域。显然，当福利须经申请才能获得时，有些受益人可能无法获得，例如，由于对此福利全然无知，或不屑于申请福利等原因。由此导致的结果就是有些文献所称的受益人对福利的“不占有”。遗憾的是，那些最贫穷又处于社会边缘的人口最可能遭遇这种困境。

社会保障福利通常不能在申请期限之前就请求给付；但是，有时候，这也并非不可能。例如，一个人申请其早先就应该获得的社会保障福利的，此类申请就会受到某些溯及力的限制。

有一个特别问题应当讨论，即当社会保障福利申请是被提交给某无权受理的行政机构时，其结果当如何？在这种情形下，社会保障法常常强制规定：接到申请的行政机构必须告知申请人哪个行政机构有权受理。为了不增加当事人的负担，社会保障法有时甚至要求无权受理的行政机关将此申请移交有权机关，并视为申请人已直接向有权机关提交申请。有人称之为申请的多重性。

相当多的社会保险制度拒绝向居住在海外的申请人给付正当的福利。然而，有时候，国际条约会改变这些条款：它们可以命令社会保障福利跨境支付。

在一些特殊情形下，社会保障福利不是支付给权利人而是支付给了其他人。职业社会保险计划中的儿童补助金就是一个典型的例子：这种福利是支付给实际抚育儿童的人，而非作为社会保险参保人的孩子的父亲或母亲，即使该抚育者不属于社会保险申请人的范畴。

对“既得权利”的重视和限制是社会保障法中最有趣的问题之一。这
47 些“既得权利”主要表明，不仅享有社会保障福利的资格已成为一种主观权利，而且也指明了社会保障福利资格的立法目的。我们将探究“既得权利”在多大程度上能防止其所依靠的社会保障法生变。原则上，立法者可以自由地修订早期的立法或社会保障规则。显然，社会保障措施的改变必须采用渐进方式进行；同时，这些改变也会以最谨慎的方式实现。通常都会经历

一个长时间的转变期,同时,依早期立法获得的权利也会被暂时保留,新修订的立法只适用于新案件。此外,在部分国家,那些已由被保险人支付社会保障金的既得权利,会被纳入与财产权有关的宪法条款之中而享有法律保护或按照立法目的来享有法律保护。

五、禁止社会福利给付歧视

社会保障福利的分配,不得实施歧视。当社会保险制度合法地区别不同群体,但对他们实施不合法的歧视时,存在的问题就是显而易见的。我们此前已经提到,社会保障制度有时会区别对待本国的主体和外国人。社会保障法通过年龄限制来规定某一保障制度的申请人范畴,这是极其普遍的。在有些国家,为领取退休金或养老金而停止工作之条件被认定为基于年龄的非法歧视。在大多数社会保障体系中,直接的性别歧视已经消失;对女性利益采用排除法的情形依然出现在遗属计划、养老金计划和家庭福利中。间接的性别歧视仍然相当普遍,例如,在实践中,采用使用不考虑性别差异的统一标准,就是对女性的伤害。

显然,对不同宗教或信仰的人们的社会保障采取不公平待遇的做法,同样不对。虽然,一个人的特殊信仰可能会产生不利后果,例如,一个人拒绝接受不符合其所信仰的宗教或哲学信仰的工作。在我们看来,社会保障法应该按照以下方式达成平衡:社会保障法既不应该创造殉教者,也不应该扛起保护一个人能够有机会保有某种信念之重担。

在部分国家,鉴于婚姻制度受到宪法保护,社会保障法被阻止向已婚人口和同居人口提供平等待遇。而在另外一些国家,情况正好相反,其法律追求在承担家庭事务管理上把配偶和其他人置于性别平等地位。在其他国家,此类等式将仅仅是对未婚伴侣的伤害性摆设,毫无信誉可言。必须注意 48
到,当未婚伴侣被赋予与已婚夫妻相同地位时,就必须设立确认这种伴侣关系存在的程序,终止也同。为此,终止登记是可以利用的方式。

在部分国家,城镇人口和农村人口待遇之间的差别,仍旧在法律上或事实上存在着。农村人口有时享有更低的福利待遇或者在医疗保健供给受到更多限制。

六、社会福利给付的道德性

最后，要讨论一个特殊问题，即设立一定社会保障福利的道德性。在必须考虑是否应当为一个对社会有害的人保留其社会保障福利权时，此问题就完全凸显出来。针对此问题，存在下列两种相反观点：一种观点认为，将社会保障福利授予实施反社会行为（甚至情节严重）的人，会引起公众的反感。另一种观点则认为，社会保障，无论是积极的还是消极的规定，其目的不是惩罚，任何反社会行为都应该通过诉讼的方式才能施加惩罚；犯罪应该由刑事法庭进行判决，而不是由社会保障体系进行判决，社会保障制度也不应该对同一个违法行为实施二次处罚。下面将探讨大多数社会保障体系实际上是怎样处理该道德问题的。

已经加盟敌对阵营的人或积极地或者故意使自己陷入不良处境者，会丧失社会保障权、养老金资格，或者使他们的待遇降低，只要其领取的不是最低额。已被刑事法庭判决的人，在他们被监禁期间，基本上都被剥夺了其原本已有资格获得的（定期）社会保障福利；当他们被释放时，会重新享受社会福利。一个人遭受由本人过失引起的社会风险时，如果其主观上存在故意且是为了获得社会福利，则该受害者无权申请相应的社会保障福利。但是，如果过失与侵占福利无关，则社会保障将会在确定不存在从重处罚情节后，认定其享有相应福利取得权，也可能会同时施以行政处罚（暂停或减少发放）。在大多数国家，如果上述社会风险是由犯罪行为、酒后行为或（有偿的）过度危险的行为引起的，将不会给予福利待遇。最后，社会保障法对自杀和试图自杀的行为的认识存在分歧。在本书中，这类行为很容易被推断为无法获得社会保障福利，然而，在大多数时候，拒绝核准具有这种
49 情况的人享有社会保障福利，将不符合人类社会保障政策。

第七章　老　年

一、概述

将“老年”定义为一种社会风险，其难度超出预计。通常，此风险是基于下列推定而形成的：达到一定年龄的人不再可能或者不再适合继续劳动谋生。因此，社会保障为达到一定年龄（领取养老金）界限者或者因已达到特定年龄（领取退休金）而终止职业活动者提供替代性收入；有时候，与其考虑人们已经参加保险、已经工作多年或者已为这种社会保险缴费多年这些事实，倒不如一个人已经达到一定年龄（领取老年福利金）这一界标更重要。相关的文献常常交替使用养老金、退休金和老年福利金这几个概念，其中养老金一词更常使用。除非另外说明，本文也将采用同样做法。

基于此，应当说明，养老金不是旨在对那些达到老年有关的特殊开支提供补偿。关于非常高龄的老年人社会救助需求产生的费用给付，例如，须依靠他人帮助才能从事日常活动等需求，是后续讨论的照护制度的研究对象（参见第十三章）。

“老年”这一社会风险引发了一些特殊的问题，这些问题影响着防范这一社会风险的路径。这一社会风险意味着，今天承担着政治责任的人们决定的有关养老金的长期政策创设的负担，将在这些政治家们离世后的明天产生。这充分说明了隔代互济的必要性，本书第十五章将详加研究。传统上，老年一代是社会链条上较薄弱的社会政治环节；不过，如今这个方面已经有所改变，特别是当老年人这个群体在人口统计上和政治上变得越来越 51
重要，一点儿都不改变是不可能的。进一步看，老年对养老金福利计划的压力巨大，与此同时，许多国家在多年前采取降低退休年龄计划以便使劳动市场腾出位置留给大量失业的年青人。

二、养老金的设立方式

老年这一社会风险通常会得到各个层面的关照。例如,已经达到一定年龄却缺乏过上体面生活的收入之人,一般都有机会适用保障其享有基本生活的社会救助计划;即使在没有一般社会救助制度的国家,救助老年人这种做法也都有效存在。

老年风险常常成为下列所称的三大支柱覆盖的主体:首先是法定社会保险(强制的或自愿的),其次是集体合同中的养老金计划(强制的或自愿的),第三是个人的私人养老金。显然,当第一个支柱欠发达时,第二个和第三个支柱就将成为重要的获益来源——反之亦然。在第二个支柱中的条件和金额有时直接取决于第一个支柱中的条件和金额,当集体社会保险安排应当作出调整时,法定老龄社会保险计划中的此类状况将导致严重问题。例如,当集体合同保障所有参与者按照以往赚取的薪水的一定百分比提供全部的老年保障(法定养老金 + 集体合同养老金)时,当法定养老金的金额降低时,就将遇到这类问题。法定社会保险养老金之内应该是能够分层管理的,因为同时存在覆盖所有被保险人的综合基本养老金和以职业为依据的社会保险养老金这两种类型;在此类情形下,基本养老金融入职业社会保险养老金进行社会保险管理,可能出现的问题会少些。

在某些国家,立法者力图通过直接津贴、国家保障、各种财政优惠及类似措施的方式鼓励第二和第三支柱创设老年福利待遇。在例外情形下,下列做法是可能的:允许通过最低限度的第二或第三支柱的定性补充养老金安排来排除强制的补充法定社会养老金保险之适用。当政府将大量(其它财政上的)优惠授予参加第二或第三支柱养老金待遇的人们时,就能够发现这些措施对再分配效果的反作用。

养老金计划可以按照资本化(基金)原理、再分配(以收定支)规则或者
52 使用簿记储备的方式运作,第十五章将对此有详述。一些法定养老金计划是以混合方式运行的:部分地采用再分配,部分地采用融资。在大多数未工

业化国家，在当事人达到退休年龄时，养老金可以采用一次性支付方式给付；原则上，我们更倾向于采用定期支付。

三、确定养老金金额的方式和考虑因素

养老金金额，既可以设置成固定的，也可以设置为与受益者过去的职业收入挂钩的。前者通常发生在狭义的养老金计划领域，而后者通常发生在退休金计划领域。

确定养老金金额时，无论是与收入挂钩的还是固定金额的，均需要考虑下列因素：(1)此人领取养老金时的年龄；(2)他(她)参加该计划的期间；(3)他(她)从事职业活动的领域；(4)是否有需要扶养的配偶和孩子；(5)此人是否正在处置任何其它财产或收入来源。

关于采用固定金额的养老金，其基本额度既可以是因政治上的权宜而确定，又可以是基于外部因素而确定。

就采用与收入挂钩的养老金，其与先前报酬的挂钩方式显然可以是多种多样的。

下面，更详细地讨论这些因素。

养老金福利待遇，在一个人已经达到特定年龄、领取退休金年龄时或者由此开始生效，正如前述所说。在不同国家，退休年龄规定不同，不过，通常都会被设定在60到65岁之间。在少数国家，男性的退休年龄高于女性，一般是相差5年。其他国家则采用所谓的“弹性”退休年龄，它是指一个人不需要在某个特定的固定年龄退休，而是可以在一个较大的时间跨度内自由选择(如5年内)。在部分国家，人们可以在达到退休年龄(无论是否弹性的)之前退休，但会牺牲部分只向完全满足退休年龄才退休者发放的养老金待遇。此类减少通常是按照此人有资格从其已参加的养老金中每月或者每年应得的一定百分比来计算的。晚于一般退休年龄若干年而退休的人，也可以获得一定奖励；这类奖励可以是依据每延长一年取某个百分比的计 53
算方式，向其发放更高百分比的养老金，但也可以简单化，仅仅按照达到法定退休年龄与实际领取养老金年龄之间的年数来确定奖励(如规定获得资

格的最低年限）。

近来，一些法定养老金计划也已从另一个视角来考虑退休者的年龄：以开始领取养老金时的预期寿命为据，从而确定养老金金额。预期寿命不是按照个人的情况确定的（如根据健康状况），而是对全体人口平均寿命的预计。此处，通常不予考虑男女平均寿命的区别。

养老金领取权和相应金额，一方面直接取决于人们参加该福利计划的年限，即他（她）工作的年限、本地居住年限、作为被保险人的年限、支付社会保险金的年限等，另一方面取决于其它被认可的参与福利年限的计算方式。

显然，居住年限特别与覆盖全民的综合性福利计划非常有关，而受雇年限则与基于职业或从业而设立的福利计划之间有高度关联。然而，在许多国家，在特定期间，一个人虽然未遵从居住、工作、保险或缴费记录这些条件，但是，这些期间仍被（拟制地）认定为符合年限计算的条件并予以考虑。有时，大量拟制年数被简单地作为实际参保年数的最高值而计算其奖励发放。此类拟制年数的采用，是由各种社会考虑促成的，它有时取决于一个人是否满足其它附加条件。例如，一定年龄（如成年）之后的学习年数、在家照护婴儿的年数，服兵役或成为战俘的年数、被监禁或因政治迫害而流亡的年数、生病或失业的年数：这些都会导向拟制年数，即使有时以补齐相应年数的社会保障金为条件。显然，承认拟制年数有利于实现与此类实践相联系的特殊社会目的；但是，计算大量的拟制年数会对养老金计划的逻辑性和财政平衡产生负面影响。减轻或消除财政负担的办法是让他人而非拟制年数受益者或他们的雇主支付与年数相适应的社会保险金。对于养老金计划而言，国家或社会保障机制就如同是社会保险金的债务人。

当拟制年数被承认之后，就会与实际参保年数享有完全相同的待遇或者只要满足一定条件或计算法就可享受相应待遇。

四、领取养老金的条件

在许多国家，获得领取养老金的资格取决于最低参保年限。不满足最
54 低年限记录者无权获得养老金。有时候，已缴纳的社会保险金将会退还给

个人，尤其当社会保险金是由社会保险参保人支付时。但是，社会保险金的退还不会经常发生。

额外参保年数将会在当事人达到退休年龄时停止计算。当一个人达到退休年龄后，通常就不再属于社会保险的适用范围。在达到退休年龄之后继续工作且不享受养老金待遇的人，或许会因此失去社会保障中弱势群体的地位。此外，在达到退休年龄之前就停止参加养老金福利计划的人，只能在达到退休年龄后才能开始享受养老金待遇。

领取全部养老金的条件主要是其在全部职业生涯过程中参加福利的年数，通常是35到50年。按比例享有养老金的条件，则是满足领取养老金资格的最低参保年限但又没有达到领取全部养老金所必须的年限。

在例外情形下，养老金福利计划会对达到一定参保年限者提供养老金福利（如老年福利金），而不考虑其退休年龄。

在某些国家，对于退休年龄和参与福利年限的一般规定都不适用于那些重体力的、危险的或与年龄关系密切的工作类型。例如，矿工、芭蕾舞者、飞行员、警察、门卫、职业运动员等，他们常常更早地在达到一定参保年限后就开始享受退休金待遇。在一些国家，该措施也适用于生育了很多子女的妇女。因此，前述分类不仅适用于有资格享有拟制年数者，而且有时也可以通过准许他们在年龄和参保年限方面享有更优惠条件而提供直接优惠。

在许多国家，养老金数额也取决于被确认依赖养老金且有资格享受的人数。当受益人有伴侣或子女需要扶养时，其养老金金额将高于单身人士。当适格当事人是与其伴侣一起居住，而其伴侣放弃了职业收入或者替代性收入的，并且他不需要对其负担费用时，养老金的金额会较低。 55
每个人的养老金基本金额也可以相同的：在这种情况下，会利用额外的津贴来满足家庭需求。

原则上，社会保险计划中的养老金不需要经过家庭资产状况或收入状况调查；不过，具有社会救助特性的养老金通常会需要该类调查。同时，养老金受益者的收入有时也会被社会保险计划纳入考查范围。例如，核准额外津贴或较高的“家庭养老金”，常常是基于对有资格享有养老金者本人、伴侣的财产、收入或报酬的考虑而决定的。

如早先所述，核准发放退休金（狭义的）是基于一个人停止职业活动的事实。通常，不允许已经领取退休金的人继续工作，而不论从事什么样的有酬劳动。尽管所有的养老金计划都会为“被批准的劳动”留有余地，即允许那些享受退休金的人从事的工作。这类工作主要包括经认可的无偿劳动（义务劳动）或仅以支付少量补贴作为报酬的工作。在一些国家，经批准的劳动收入范围会被规定在一定额度内，领取退休金的人可以赚取该额度内的钱，同时也保有他们的养老金。一旦收入超过该额度，就会根据相关的养老金制度撤销或减少他（她）的养老金。

显然，当发放的退休金金额足以保障受益人及其扶养之人过上体面生活时，可以合理地约定停止有偿劳动的条件。

现今，一些国家也允许临时退休制度存在，它是指达到某个年龄的人（通常比实际退休年龄早几年）可以减少职业活动（比如减少一半）并开始享有缩减的养老金。这种临时退休制度确实有利于人们适应从有工作的生活到领取养老金的生活之间的转变，这对相关的企业也有益处（比如说对退休员工的接班者的培训）。

五、养老金金额的计算

当采用固定数额的养老金时，决策者会考虑定出的固定数额是否与灵活的非固定金额一样公平。即使是固定数额，也会依法与许多因素挂
56 钩。比如参考最低工资、平均工资或平均职业收入；或者也会与购买力的相关数据挂钩。

当基于过去的收入换算养老金数额时，换算方式有很多。以下数据都可以是计算的依据：临近退休前的工资或职业收入，实际退休年龄或法定退休年龄前一定时期内的工资或薪水（比如五年内），由当事人实际退休年龄或法定退休年龄前的一定时期（如五年）内自行选择的一段时期的工资（如三年内），或者参加养老金福利计划期间的工资或收入。通常，只有那些需

要同时缴纳社会保险金的收入才属于此处提到的工资。

在部分情形中,养老金计算不与或者不是真正与收入挂钩。例如,当养老金计算是以早先缴纳社会保险金的情况为依据时,在采用养老金计算不与收入直接挂钩的情形中,或者当缴纳社会保险费(原则上与收入挂钩)的正当性不被检验时,就属于这种情况。

在大多数养老金福利计划中,最高额或最低额都是直接或间接地(显然是在计算的基础上确定)根据完全养老金设定而确定的。最低养老金是给予工龄达到规定要求的人(或者满足获得养老金的最低参保年限的人)和无法按照一般计算法获得某个固定金额养老金的人。最高养老金则是指,所得养老金按照一般计算法将超过某个最高额限制时,会将其养老金金额降至最高额。最高额养老金和最低额养老金为低养老金收入者提供了一种再分配机制。它适用于社会保障金已依据全部实际收入缴纳的情形。

一般来说,如果采用近期工资来计算养老金,其基准会高于按照全部职业生涯的工资计算之基准。因为若考虑到随时间经过而导致的货币贬值,养老金就要根据按照每年的工资进行重新估价后所得数值进行计算,因为在大多数国家,职业生涯末期的实际工资会比初期或中期相对更高。

有些养老金与报酬完全无关;取而代之的是,它们纯粹根据早先缴纳的社会保险金的功效而确定的。这种养老金计划一般就是依靠资本化而运行的养老金福利计划。养老金金额大小是取决于投资基金在扣除运行该福利计划的成本之后所获盈利或负担亏损的数额(可能还要算上个人养老金投资项目的承销商的利润)。 57

如果人们同时或者在人生不同阶段参加不同的养老金计划,其实际申请养老金时,可能会遇到困难。这种情况会发生在基于职业的强制法定社会保险养老金计划中,也会发生在以职业、行业或岗位为依据的团体保险计划中。就法定社会保险计划而言,立法者一般会规定适当的程序;这些程序是被包含在最普通的养老福利计划之既得权利或者尚在形成过程中的权利中,或者被吸取在采用累计获得或按比例获得方式中,并且(或者)被融进了一系列禁止累计的原则中。但是,此类措施是非常难以适用于那些基于职业、行业或岗位而制定的团体保险计划的。此处所说的这些问题，其负面效应已为人知，就是被我们的文化称为“不可转让的养老金权利”。

在养老金与失业救济金之间也可以存在若干种类型的福利，第十章将
58 有进一步论述。

第八章　死　亡

一、概述

一个人的死亡常常导致另一个人失去收入来源；因此，死亡才被认定为一种社会风险，或者换一个角度看，将那另一个人的“依然健在”或“活在人世”认定为一种社会风险。家庭中的传统角色模式是这个问题的成因：一边是通过有偿劳动获得的收入（如工资）是家庭经济支柱，另一边是“无独立能力”的配偶和孩子。显然，对于失去经济支柱的状况，必须由社会保障制度提供补偿。寡妇抚恤金就是为此设立的。只有在例外情形下，一个人才能获得鳏夫抚恤金，即男人因健康虚弱而无法扮演起家庭经济支柱的角色，因此，这个角色由女人承担了，而这个女人又去世了。这种与性别相关的不公平规定在某些国家仍然存在，但总体来说，针对配偶双方获得寡妇抚恤金和鳏夫抚恤金的条件正渐渐变得公平。此外，失去双亲的孩子（如失去双亲的孤儿）或失去单亲的孩子（如单亲儿童）也有权获得福利，这种福利会根据相应的社会保障制度被划分为不同类别。

二、领取遗属抚恤金的条件

遗属抚恤金一般是为依赖死者生前的劳动收入为生的人提供替代性收入；它适用于被认为无谋生能力的遗属。

在自由社会，诚如所期待那样，每一个成年人，无论男女，都应该通过自己劳动赚钱（并且伴侣之间就家庭内部的不同分工达成的任何共识，不影响其社会责任的承担），因此需要提供给遗属的替代性收入将会被限制在死亡事件发生后的相对较短的时间内。换句话说，福利的享有会被限制在较短时期内，从而使健在伴侣能找到他（她）自己的方式进入劳动市场。基于此考虑，这种适应期福利有时会被采用。在有些国家，仅仅采用孤儿福利和适应期福利;如果遗属在该福利供应期届满时仍未找到工作的,就会开始享受其它类型的福利待遇,例如,失业救济金或社会救助福利。

无论如何,在大多数国家,都会在适应期福利之外向遗属提供遗属抚恤金,而无论其是否对二者做出区分。

要获得遗属抚恤金,一个人必须满足一定条件。原则上,这些条件涉及与死者的关系、遗属的年龄和可能无劳动能力状况、遗属特有的家庭情况,有时也考察遗属的生存方式。下面进一步讨论这些条件。

(一)生存伴侣与死者之间的关系

首先,原则上,要求二人在死亡发生时实际存在婚姻关系。但是,有时候,完全地持续地共同生活的某些模式也将会与婚姻相提并论。

当死者生前有义务供养其前伴侣(给付赡养费)时,情况可能会变得格外复杂。进一步看,在此类情形下,即使死亡发生时婚姻关系已经终止,但是,死亡也会导致前伴侣丧失收入来源。因此,这类生存者可以被称为准寡妇(鳏夫)。在一些国家,社会保障赋权此类情形下的准寡妇(鳏夫)符合一定条件时享有遗属抚恤金,如同现配偶所享有的遗属抚恤金。获得遗属资格的判定有时是由法院在宣判离婚后果时一并作出裁定。当准寡妇(鳏夫)被授予遗属津贴时,就很可能会减少真正的寡妇(鳏夫)应得的遗属抚恤金之金额;按比例再分配的诉讼时效抗辩通常在此被采用。一些基于职业考虑而设立的社会保障制度为因离婚法律后果引发的问题提供了可选择的补偿方式。替代保障伴侣被剥夺的权利(如遗属抚恤金),这些社会保障计划会承认有工作伴侣的收入的一部分视同是为伴侣另一方赚的,并且这些社会保障计划也将继续如此思考,为此,赋予后伴侣享有下列权利:在他(她)达到退休年龄时,其有权请求相应的养老金。①

60 此外,就死亡发生时两个伴侣之间具有婚姻关系的条件而言,还可以进

① 英国目前的养老金制度规定,在职已婚人士退休后领取养老金时,其配偶也可同时根据配偶另一方之前缴纳的社会保险金额而申领一定金额的“已婚人口津贴”。——译者注

一步要求该婚姻必须已存续达一定时间（如以年计算）和（或者）孩子应出生于该婚姻存续期间。

也可以要求死者和（或者）遗属在死亡发生时已属于相应遗属福利计划的申请人范围，尽管绝大多数情形下只要求死者满足这一条件。

（二）年龄

年龄是另一个重要因素。通常，遗属抚恤金仅提供给已达到一定年龄的寡妇和（或）鳏夫，即在人一生中，处于这个年龄时，其进入（再进入）劳动市场不再可期待，通常这个年龄是 40 岁左右。从本意看，设立这个年龄是基于另一个考虑：到达一定年龄后，寡妇想生育孩子已不可能，因此，也难再找一个新夫了。在死亡发生时不符合特定年龄条件的人，如果实际上已经达到这个年龄的，依然能够获得领取遗属抚恤金的资格。基于对丧失劳动能力和（或者）依靠子女或者在以往已经抚养一定数量的子女之寡妇（鳏夫）的信任，对丧偶者的最低年龄限制时常会降低，或者有时甚至会消失。

三、遗属抚恤金发放的限制

遗属抚恤金可以无限期地领取，也可能在达到特定年龄时终止，这个年龄通常是遗属本人达到有权领取养老金的年龄。在某些国家，后一种情形不发生：他们采用特殊规则限制或者排除本人养老金待遇领取和遗属抚恤金领取的累计。

当遗属开始新的家庭生活，他或她对替代性收入的需求可能消失。因此，一旦丧偶者再婚，大多数的遗属抚恤金计划会停止向其提供替代性收入。

当遗属抚恤金包含了社会救助因素时，该福利的享有也将需要接受家庭资产状况调查。

四、遗属抚恤金的发放方式

遗属抚恤金的发放通常采取长期的定期津贴、（遗属）养老金的方式。 61

因此,养老金和遗属养老金极为常见是同一种养老金计划的组成部分;其结果是,有关领取遗属养老金的规定与为领取养老金设定的规定类似。关于受限劳动的法律规定在大多数情况下可以转而适用于遗属福利。

遗属养老金的金额通常是按照死者生前已有资格或者将有资格领取的养老金的一定比例而发放。有时,后一种情形是指参考如下的养老金:假设死者在死亡发生时已经达到退休年龄,或者更为经常的是,假设死者死亡当年与其退休当年之间的年份参加了保险,并将这些年计入其参保时间,他(她)能够领取的养老金数额。

显然,遗属养老金的设定,也可以不参考养老金,而是直接根据死者生前的收入或缴费或者经确定的固定金额进行计算,从而定期支付。

五、遗属抚恤金的保障对象

无资格领取或不再有权领取遗属养老金的人(例如,因为他们已再婚或者不符合年龄条件,或者由于子女不再需要抚养),一般情况下,都可以在一个较短时期内享有的适应期福利(如一年)。适应期福利的金额通常与遗属养老金的数额相同。

失去双亲的孤儿或单亲的儿童同样有权获得抚恤金,该福利根据相关的社会保障制度被区分为不同类型。如同生存伴侣的情形,孤儿也可以申请遗属津贴,该津贴的发放延续到他(她)找到工作为止。但是,他们也可以按照家庭补助金计划享有特殊的孤儿福利或以普通家庭福利的最高水平享有额外津贴。

此外,在某些社会保障制度中,依靠死者生前扶养的配偶、子女或者与其一起居住生活并由其供养的其他人——如父母、祖父母、兄弟、姐妹等。同样有权获得相应福利。作为遗属有权享有福利的人之间,是存在优先顺序区别的。配偶和子女是第一顺序,其后才是父母、兄弟姐妹,最后是其他相关人。如果遗属抚恤金的金额是死者生前收入的一定比例,则通常将如下操作:给所有遗属的所在类型的抚恤金合计总额不得超过死者工资收入的比例(通常就是百分百)。

在私人保险中，越来越多的被保险人（即未来的死者）能够任意指定遗属抚恤金的受益人，尤其是当被保险人处于未婚状态的。

六、死亡引起的其它福利待遇

一个人死亡不仅仅会导致他人收入来源丧失，也会产生一些特殊开支。62
因此，社会保障从最早阶段开始就介入，为人们提供（部分的）丧葬费作为补偿。通常，这种丧葬费是一个固定金额，给予那些实际支付丧葬费的人。

通常，当死亡是由工伤或职业病引起时，保障职业风险的计划会向死者的配偶、子女和由相应福利计划确认的其他人提供补偿。给付这种补偿福利的条件通常不像遗属福利那么严格（如只需要考虑婚姻存续期间、再婚影响、受限劳动、年龄和其他相关因素等）。

最后，必须说明，如果已领取定期社会保障福利的人死亡，在其死亡后，
原来的定期福利经常还会一次性支付更高额或者甚至实施数次高额支付。63

第九章　丧失劳动能力

一、概述

人人都有生病或发生意外的可能；它会导致以劳动谋生的人（完全或部分地）失去收入。因此，社会保障会为他们提供福利待遇作为替代性收入，例如，“丧失劳动能力”福利待遇。

但是，不是所有类型的健康损害（得到医疗诊断的）都将导致劳动能力丧失的后果。原则上，唯有在能够被认定为赚钱能力丧失时，才能说丧失了劳动能力，即当相关者因为疾病或者事故而不再能够像“那个人”（或者称之为“参考人”）那样去赚钱时，它就能够证明他（她）丧失了劳动能力。“那个人”是指被设定的可用来与当事人状况作比较的一个（抽象的）男人（女人），而且他（她）没有生病或遭遇事故又（有时被设定为）从事与被比较对象相类似的职业。这种类似性可以是完全的：用于参考的“那个人”的状态相当于被比较之人遭遇健康损害之前的状态（或者说“参考人”就像被比较者没有生病或遭受事故时的状态）。对丧失劳动能力者与参考人的类比，通常在丧失劳动能力最初的短暂阶段采用（例如，第一个月，或者头三个月或第一年）。类似性也可以是部分的：“参考人”是拥有类似职业生涯的人，相同的教育和（或）培训经历，从事相同的行业和（或）相同职业。但是，类似性有时也会很弱甚至没有：“参考人”可以是任何一个没经历过被
65 比较者遭遇的那样疾病或事故之人。

二、参考人

通常，要讨论劳动能力丧失，就必须论证与参考人相比的赚钱能力的丧失。换言之，必须确认患病者在其行业、岗位或任何适合他（她）的职业还能继续获得什么收入。在这方面，有两点需要说明。

首先，丧失劳动能力计划，不仅仅是失业计划，还包括利用“适合的工作”等一个或者（多数时候）多个方面的考虑，必须确定哪种职业活动是相关丧失劳动能力者依然可以被期待去从事的。

其次，赚钱能力可以通过两个方法进行评定：评估劳动力市场的实际状况，或者不考虑所有种类的真正的失业问题而作出评估。当考虑到一个人在其所从事职业或行业或任何适宜的职业中的实际赚钱能力时，即使最轻微的健康问题都可能导致完全丧失劳动能力，因为不良劳动条件和对劳动力的渴求可能会让一个很小的健康损害演变成丧失所有实际就业机会的结果。但是，如果要对劳动力市场状况进行抽象概括，就会变得非常理论化。必须搞清楚在不考虑劳动力市场实际状况时一个人能赚到多少钱，而劳动力价格又主要取决于劳动力市场的状况。这看起来似乎很奇怪，许多国家都对丧失劳动能力进行“抽象式”评估，以避免承担劳动市场不良状况下的丧失劳动能力福利待遇之重担，并且防止在劳动力市场每次发生改变时就得重新评估丧失劳动能力状况。但是事实上，这种对丧失劳动能力的评定无法完全忽视实际上受灾人能找到工作的机会。

如果被比较者（没有遭遇事故或疾病时）的参考人是其自身，参考人的能力就可以轻易地得以确定。我们可以根据受害人未失去劳动能力时的实际收入进行确定：例如，可以计算其本人在临近遭遇事故或疾病时期的工资或在遭遇事故或疾病之前的特定时期的工资。对于自由职业者，则可以计算其在较长一段时间内的平均收入，从疾病已经对其收入造成负面影响但自由职业者仍在持续工作期间起算。对于必须靠劳动谋生而在丧失劳动能力过程中没有工作的人，例如由于失业或其他疾病，其在健康受损之前获得的替代性收入通常不会被纳入参考人赚钱能力的判定范畴；而是将其认定 66
为是基于替代性收入计算的工资。如有必要，职业收入的金额会被重新估计，以便对受灾人在遭受健康损害后仍能取得的收入做出比较。

三、丧失劳动能力的等级

丧失劳动能力的等级是指丧失劳动能力者与参考人之间的赚钱能力对

比关系。在许多国家，这种等级以特定百分比的方式体现，而在另外一些国家，则采用分类法将其分为两个、三个或更多的等级或类型。划分为三个类型，更为常见些：第一类，完全丧失劳动能力且需要他人照护；第二类，完全丧失劳动能力但不需要他人照护；第三类，部分丧失劳动能力。

确定丧失劳动能力的等级实非易事。其程序包括以下一系列步骤：首先，应当确认当事人仍可采取的治疗有哪些；其次，确认经过治疗后仍可从事的职业劳动有哪些；最后，确认这种职业劳动能赢得哪种水平的收入。这种认定需要医生和劳动及收入方面的专家一起参与。在某些国家，这种合作会由法律预先做出规定。但实际上，在几乎所有国家，都是由医生对丧失劳动能力等级做出最主要的判断。有时会采用丧失劳动能力等级，即丧失劳动能力的等级会按照身体损害的程度来分级（例如，断指、哮喘病等）。

在某些国家，丧失劳动能力的百分比会高于百分之百，它表明，一个人不仅丧失了处理事务的能力（丧失自理能力），而且他需要经由他人照护才能拥有正常人的生活。

四、丧失劳动能力制度的适用

丧失劳动能力计划时常仅仅为必须依赖劳动谋生却因生病或遭遇事故而失去赚钱能力者提供替代性收入。因此，许多福利计划不会向在健康损害事件发生时已可获得养老金或自愿选择不工作的丧失劳动能力者提供福利待遇。但是，诸如失业者，仍然可以申请这种福利待遇。在养老金计划中，完全或部分丧失劳动能力的，常常作为一个人享有提早退休权利的条件。

大多数社会保障计划都对初始丧失劳动能力的阶段（和一定时间内的
67 阶段）与较长丧失劳动能力的阶段（和可能无法确定时长的阶段）进行区分。通常，在这两个不同阶段中，享有福利的条件和金额是不同的。

在丧失劳动能力的初始阶段，福利待遇通常被称为疾病津贴。该福利提供给丧失劳动能力的时间少于特定天数或月数或（和）那些被认为劳动能力可以康复但未康复期间的人。这种情形中，参考人通常就是当事人本人，以其健康受损前的状态作为参考。

在较长时间丧失劳动能力的阶段，福利待遇通常被称为伤残抚恤金。该福利是提供给丧失劳动能力已达到特定天数或月数或（和）被认为达到某一特定的（“统一标准的”）丧失劳动能力等级者的。这种情形下，当事人不仅仅要与同行业的参考人的赚钱能力相对比，还需要与其在其他所有适合行业的赚钱能力相对比。

“疾病津贴”常常取决于当事人过去的职业收入，有时也取决于丧失劳动能力的等级。更多时候，在丧失劳动能力最早阶段的替代性收入不属于社会保障制度的范畴。事实上，社会保障计划常常包含一个等待期间，例如，满足享有福利的所有条件之人，在享有福利之前的期间。对于企业劳动者（和公务员）而言，劳动法或集体合同通常会规定：在等待期间，雇主需要继续支付工资。为了对一系列短暂的疾病期间提供保障，法律有时会规定把短暂的疾病期间失去的收入保留在患病者的个人账户中（而非交给雇主或自愿性保险）。自由职业者（或其他人）则通常需要自行投保（个人保险或其它类型保险）。

界定疾病津贴中的“疾病”，受到时间的限制，它常常会延续到“伤残”发生时为止。

“伤残抚恤金”通常也取决于当事人丧失劳动能力的等级，一般也会考虑其过去的职业收入。但是，它们适用不同程序。例如，许多社会保障计划把伤残抚恤金作为一种养老金：确定伤残抚恤金福利的方式也类似于确定养老金和遗属养老金的方式。因此，其职业生涯的全部收入也会被纳入参考范畴。但在另一些国家，伤残抚恤金是参考疾病津贴来运作的。

伤残抚恤金的金额通常低于疾病津贴。伤残抚恤金更常需要经家庭资 68
产状况调查才可获得。此外，相比疾病津贴，伤残抚恤金申请者更经常被要求出示劳动、居住或保险记录。

原则上，伤残抚恤金将会持续到当事人丧失劳动能力状态终止、退休时或者死亡。

在享有疾病津贴的期间，当事人时常仅仅受到诊断和报告其疾病情况的从业者的观察。因病在家休养的劳动者,原则上,被推定为其已向雇主提供了丧失劳动能力证明。鉴于评估自由职业者因患病而丧失劳动能力是不容易做的,所以,他们通常都会被要求以完全停止自由职业活动的方式来证明;此外,很多丧失劳动能力计划都包含了对自雇者较长等待期间的要求。

五、丧失劳动能力者的再就业

是否允许丧失劳动能力福利的受益者继续赚取收入取决于其丧失劳动能力的等级。通常,完全丧失劳动能力者是无力获得任何职业收入的;部分丧失劳动能力者则可以获得与其劳动能力相适应的职业收入。实际上,这是个难题。当受益者获得的职业收入高于其被允许获得的与丧失劳动能力等级相应的金额时,就会出现扣减福利金额和(或)重新鉴定丧失劳动能力等级的情况。但是,许多丧失劳动能力计划都对此做出了较宽松的规定,此举意在鼓励丧失劳动能力者努力寻找再就业机会。对于失去所有赚钱机会的完全丧失劳动能力者,就难以产生再就业的动力了。

经过一段时间后,丧失劳动能力以及伤残状况可能会发生变化。当事人因疾病或事故导致的丧失劳动能力的等级可能随时间流逝而加重。此时,丧失劳动能力的等级应该被重新鉴定。幸运的是,丧失劳动能力等级也可能减轻或劳动者康复到完全可以再就业的状态;在这种情形下,丧失劳动能力的等级也会被重新鉴定。大多数的丧失劳动能力计划都规定了重新鉴定这一措施,即使常常需要与一定期限挂钩(例如,须与上一次鉴定间隔一定的月数或年数)。

需要再次强调的是,社会保障的目的,首先是预防劳动能力的丧失,然
69 后才是恢复劳动能力;最后才是对丧失劳动能力的状况做出补偿。

预防有时体现在丧失劳动能力福利计划中。有些计划,特别是职业病保险计划,不是在一个人健康受损后对其提供福利待遇,而是预先提供福利。例如,当发现存在严重影响职工健康的威胁而该职工又必须持续在这种状况下工作的情况。

恢复劳动能力也体现在福利计划中。一些计划,一方面,会鼓励丧失劳

动能力者再就业;另一方面,也常常以扣减或取消福利之惩罚作威慑,使得丧失劳动能力者接受某些医疗鉴定或手术和(或)参加职业康复训练。此外,还会给予雇主经济优惠,鼓励其不解雇部分丧失劳动能力者或雇佣部分丧失劳动能力者。在一些国家,雇主甚至有义务按一定比例雇佣部分丧失劳动能力者或残疾人。

六、丧失劳动能力计划与工伤和职业病保险计划

丧失劳动能力是失去收入的重要原因之一。在大多数国家,都有专门的“职业风险”社会保障计划,即工伤或职业病引起的失去收入的风险。这些职业保险计划或许向那些丧失劳动能力者提供福利待遇和额外的福利或者将其替换掉。工伤和职业病保险与一般丧失劳动能力计划有很大不同:

它们提供更高的福利待遇或更优惠的计算方式;

它们的福利待遇常常也对纯粹的健康损害做出补偿;

它们的福利待遇在退休后也继续适用;

它们的福利待遇可以在有偿劳动收入的基础上累加。

关于工伤和职业病概念,前文第五章已有更多论述。

在例外情形下,导致健康损害的其它事由,也可能产生补偿待遇特别优惠的社会保障计划,例如,生态灾难。

七、丧失劳动能力福利待遇的供给

导致劳动能力丧失的原因,有时候可能是重要的,在普通的丧失劳动能力计划中,其作用部分可能是消极的。丧失劳动能力的优惠待遇,有时不会提供给那些主动选择特别危险环境者(比如参加高危险性的运动)或完全由其自身行为导致丧失劳动能力结果之人。后者是指丧失劳动能力是其违法行为的结果(例如,持械抢劫者或无视交通信号灯的行人)或者故意行为 70
的结果(如自杀未遂)或者重大过失行为的结果。有时,丧失劳动能力计划会拒绝向罪犯给付福利。但是,完全废除自负责任行为或犯罪行为成为拒绝给付的理由的做法如今已成趋势,或者是对为获得丧失劳动能力福利待

遇而采取故意行为的人，发放其福利实行严格限制。

如前所述，丧失劳动能力通常是指失去赚钱的能力。尽管，在一些社会保障计划中，尤其是社会工伤和职业病保险计划中，纯粹的人身损害(如身体损害或心理损害)就可以获得补偿，无论健康损害是否影响赚钱能力。

此外，在许多国家，丧失劳动能力计划都会对本来就没有赚钱能力的人提供收入补偿。例如，那些年幼时就残疾或患病的人，即那些在就业年龄之前就已经残疾或患病者，他们被认定为无法获得职业收入或至少无法获得足以谋生的收入。在一些国家，覆盖全民的保险也适用于丧失劳动能力的风险，这类人群会被包含在这种保险中。但是，一般而说，年幼时就残疾或
71 患病的人是由社会救助计划提供帮助的(第十四章将论述)。

第十章　失　业

一、概述

需要靠有偿劳动获得收入的人，在失去工作或无法找到工作时就需要依靠替代性收入谋生，失业救济金应运而生。这种福利通常区分为两种类型，即社会保险和社会救助。

在失业救助领域，其应遵循的规则原则上与社会救助一致：固定的福利金额、需经家庭资产状况调查，等等。这一问题将在第十四章进一步研究。目前，可以说，失业救助计划会给予受益人比一般救助计划更优惠的待遇：福利金额会更高，而且免受家庭资产状况调查的非劳动所得收入额度更大，以鼓励失业者就业，即使其从事的不是全职工作。

在大多数国家，失业保险的范围只覆盖企业劳动者。公务员通常享有更优惠待遇而不在此保险范围内。自由职业者因健康问题之外的原因而终止职业活动的，也无法适用失业保险。这一规定的理由在于，对于自由职业来说，失业是一种不可保的风险，成为自由职业者本身就是在冒险。不过，也有一些国家为自由职业者提供失业保险，这就意味着可以给自由职业者提供失业救济金。因此，就会设立一些特殊规定：例如，关于认定失业发生的标准（如只有在个人被宣告破产时），或者自由职业者计划以企业劳动者身份就业的范畴。无论如何，只有当失业保险适用于自由职业者时，我们才能对此进行更多探讨。

二、失业的认定

原则上，只有在劳动者非自愿失业而失去收入的前提下，失业才会被认为是一种社会风险并获得失业保险或失业救助的福利待遇。因此，获得失业福利待遇的首要条件就是非自愿的失业。否则，福利待遇就会被取消、减少或暂停几个星期或几个月发放。

失业的非自愿性,可在失业发生时确定或失业期间发生特定事实时确定。

当劳动者因自愿辞职或因自身违规行为被雇主解雇而失业时,属于非自愿性失业。或者劳动者单方面解除劳动合同,也属于非自愿性失业。但是,这不意味着开除或劳动者单方面解除合同的行为总是归咎于劳动者。通常,若因可归咎于雇主的紧急事由而终止劳动合同的,我们就不可以归责于劳动者,也不能因为雇主非法终止劳动合同而惩罚劳动者。更难的是要认定是否因双方合意而终止劳动合同从而导致非自愿性失业;通常认为,就失业福利计划而言,这种失业的确可以归咎于劳动者。

三、获得失业福利待遇的限制

在可归咎于失业者的失业情形中,一些失业福利计划不仅仅是减少或暂停福利待遇。如果劳动者故意牟取失业福利待遇,甚至可能被彻底取消获得失业福利待遇的资格。

一旦失业,就不需要确认失业者的非自愿性或无过错性,特别是在当事人宣告不再适合进入劳动力市场或者其实际显示出无法就业的。因此,一些失业福利计划就要求当事人须具有进入一般就业市场的能力。另外一些失业福利计划则采用了“适宜的工作”概念:一个人只能从事适宜他(她)的工作。

当一个人确实是自愿或因违规终止劳动合同而失业,但随后立刻(或
74 短时间内)就找到新工作时,就会产生特殊的问题。当劳动者很快又非自愿地失去新工作时,一些社会保障计划会对这种失业实行惩罚,因为如果他没有辞掉原先的工作,他就不会失业。

通常的做法,一方面,享受失业待遇者会被要求向公共劳动调解委员会登记就业。失业者还可能被要求证明他正在找工作(例如,其递交了申请工作岗位的证据等)。另一方面,雇主常常有义务向劳动调解委员会报告其空缺岗位,同时也有义务报告集体裁员的理由。

此外,失业者应当为就业做好准备,或者更明确地说,应该去接受任何适宜的工作的要约。若无法做到,就会导致减少、暂停或终止福利待遇的发放。显然,将哪些工作定义为适宜的或不适宜的,将共同决定失业福利计划的严格程度。我们应当牢记,"适宜的工作"概念总是以消极方式被定义的,即当就业申请获准时,不得拒绝已申请的工作。

四、适宜的工作

确定就业的适宜性之准则是由制定法或规章来规定的,或者会留给经授权的适宜的行政机关和法院来确定。"适宜的就业"未必与失业者主观上认为最合适的工作相一致。这类准则通常包括:住所与工作场所之间的距离,工作岗位符合法律(尤其是劳动法)的要求,薪酬状况,工作时间和期限,当事人的家庭状况,当事人的宗教信仰,等等。

当然,当事人的工作意愿也会被考察;此类验证主要由劳动调解委员会执行,该委员会会通过提供一系列空缺岗位供失业者选择,从而作出判断。
但是,劳动调解委员会、失业保险管理机关、失业监察机关不会总委托相同 75
主体;这就可能导致这三家机构的信息没有在彼此间被系统地传递的问题。显然,这对监察机关是一个较大障碍,即使就有效的劳动调解而言,它可以产生某些积极作用;的确,如果劳动调解对失业者真正的需求有更多了解,就更容易为失业者找到合适的工作。

有些失业者群体不需要证明已做好从事工作的准备,或者他们被允许以从事无偿劳动的方式来证明他们的工作意愿;这种做法适用于失业保险和失业救助计划,虽然后者更常采用。例如,当失业者接近退休年龄而根本无法进入就业市场的,就不需提供证明。当失业救济金的受益人需要照顾年幼的孩子或患病的或年老的家人时,或者当失业者正参加特定形式的职业培训时,法律允许其从事无偿劳动,在这些情形下,失业者常常被认为不再需要寻找和从事适宜的工作。

五、领取失业救济金的条件

失业救济金是给予那些非自愿失去有偿劳动的收入之人的。因此,一个人不可能同时获得工资和失业救济金,至少一个人在获得完全的失业救济金时无法同时获得工资。因此,失业者在准备从事有偿劳动时应当(提早)报告给相关行政机关;更多情况下,即使是从事无偿劳动,也需要报告。

当失业者按照规定程序报告其从事有偿劳动状况时,在其有偿劳动期间,他的失业救济金就不再发放或者按照有偿劳动期间(全部或部分)的收入相应地减少发放金额。为了鼓励失业者再就业,有部分的收入金额会被免于扣减。

当失业者未按照规定程序报告其从事有偿劳动状况时,他就属于非法就业("兼职"),俗称打黑工,并很可能受到惩罚。当需要报告无偿劳动而未报告时,也会受到惩罚。

失去有偿劳动收入是指处于失业状态,而非劳动合同的终止。在许多国家,失业救济金即使在劳动合同存续期间也可以适用。例如,当雇主由于自己无法控制的事由造成劳动者暂时不能从事工作时(属于不可抗力的状况)。通常,罢工者无法享有失业救济金,因为他们不属于非自愿性失业;但是,有时候,不能上班的非罢工者可以申请失业救济金。

许多失业福利计划都存在兼职失业的状况。它是指劳动合同从全职工作变更为兼职工作,劳动者非自愿地减少了工作时间,或者人们接受兼职工作是为了避免完全失业。这些人群可以获得他们没有劳动的那段工作时间的失业救济金,即使他们仍然从事部分工作。有偿劳动在总的工作时间中的收入分配(作为失业的收入分配)取决于当事人过去的工作时间,即全职
76 工作的时间,或取决于过去和当下工作的收入。这问题不同于是否只有失去全职工作的失业才能获得救济金或是否存在自愿的兼职工作才能获得失业救济金。该问题讨论的是,许多社会保障制度都确认,兼职劳动者在非自愿失业时可以获得失业救济金。当然,这种救济金的计算是根据失业者之前选择了兼职工作的状况。换言之,救济金金额会相应地减少。但是,通

常，接受兼职工作是为了避免完全失业的情形下，若失去之后的兼职工作的，则可以获得按照全职工作状况计算的救济金。

在许多国家，申请失业救济金的人会被要求参加各种形式的就业（再）培训课程。失业救济金的受益人还需要通过各种旨在提升其再就业技能的考试。他们有时还被要求参与公共福利活动。在某些国家，受益人可能会因此获得更高的救济金作为补偿（或者甚至等于通常的工资）。在另一些国家，普遍认为（失业）救济金的受益人将其劳动技能贡献给社会服务是很正常的（即所谓的“工作福利”概念，参见第十四章）。

一个人必须有工作能力才能获得失业救济金。失业者丧失劳动能力或丧失劳动能力者失业，通常会获得丧失劳动能力福利而非失业救济金。在这方面，我们必须明确，暂时丧失劳动能力的失业者所获得的福利一般不会高于一个健康的失业者所获得的福利。

依社会保险计划获得的失业救济金，通常取决于一个人有特定的工作或保险记录。在最短失业期或保险期之后，或在等待期间届满后，失业者才可以获得救济金。

目前为止，我们仅仅讨论了为失去有酬劳动的人提供的失业救济。有时候，基于社会保险计划自身的考虑，救助计划中的失业救助也会面向尚未从事有偿劳动的人，特别是一毕业就失业的学生。这类受益人常常要在等
待期间过后才能够申请救济金；设置这一等待期间的目的之一就是为了鼓 77
励其尽快找工作。

不同于丧失劳动能力或失业救助计划，几乎所有的失业保险提供的福利待遇都是有期限的。虽然福利的时限是固定的，但它主要取决于当事人失业前的或职业生涯的（全部或者部分）工作或保险的记录。对于没有实际工作或没有支付社会保险金之人的时限，例如，服兵役的人，有时也会将该期间视为其有实际工作或保险期间并给予福利待遇。

六、失业救济措施的其它义务主体

在一些国家，政府或行政机关可能有义务为每一个失业保险福利到期

的人提供适宜的工作(或适宜的培训)。如果事实证明无法让私营机构来达成这一目的,政府或社会保障主体就应当提供岗位(或培训)。这至少能让当事人取得新的失业保险福利待遇。显然,这种措施无法在出现高失业率时大规模地实施。

七、失业救济金的金额

救济金的数额会随着时间推移而改变。金额随时间缩减,其目的在于刺激失业者的就业欲望。同样的,逐渐减少的救济金会让失业者的生活从之前(作为就业者)标准过渡到作为(长期)失业者的生活标准。

失业保险提供的救济金数额有时可以是固定的,但是,通常的情形是按其过去收入的一定百分比来支付。失业救助也并不总与一个人过去收入有关。因此,当失业保险待遇中的救济金额取决于其过去的劳动报酬,而且相关的人在计算期间未从事有酬劳动时,就会考虑以最低工资的平均工资作为参考,或者也可以设定一个固定金额作为发放标准。此外,失业救济金的金额也可以取决于依赖失业者扶养之人的状况;这常常发生在失业救助制度中。进一步而言,失业救济金也可在经家庭资产状况调查后获得;但在失业保险制度中,这种情况不常发生。

已达到退休年龄的失业者通常无权领取失业救济金。然而,从 20 世纪
70 年代开始,在很多国家出现了养老金和失业保险混合的计划。这种获得
78 各式各样命名的混合计划旨在让即使尚未获得养老金的失业的老年人(或
很可能失业的人或仅仅是年老的劳动者)离开劳动力市场。这既是为了给
年轻人创造就业机会,也是为了实现向养老金福利待遇的平缓过渡。在这
一制度中,人们获得的福利待遇通常会高于一般的失业救济金。

劳动关系终止并因此失业之人,若因劳动合同终止而获得经济补偿的话,通常无法立刻领取失业救济金。经济补偿可能会采取相当于连续若干天数、周数,或月数的工资形式支付。但是,有时,因开除或解除劳动合同而得到的经济补偿,首先,其金额会基于不同方式而确定;其次,再按照连续若干天数、周数或月数的(拟制)工资分摊后支付。只有当(实际或拟制)的持

续支付工资的期限结束，失业救济金才会开始支付。

最后，一些国家的社会保障制度的救济金包括与失业关系密切的非失业福利。这里仅举两个情形为例。第一，作为例外情形，社会保障制度对因服兵役而未从事有酬劳动的人提供替代性收入。第二，社会保障制度有时也给因歉收而失去收入的人提供保险待遇，例如，因为非常不利的天气状况。第二种安排非常类似农民的某些类型失业保险。在这方面，与其说不作此类安排的确非常罕见，倒不如说这是让农民融入社会保障的努力。 79

第十一章　家庭负担

一、概述

养育孩子就会产生特别的费用。这是儿童福利对父母或者更通常是支付这些费用的其他人的这类开支提供部分补偿的主要考虑。儿童补助金是为了促成无子女与有幸拥有子女的人之间的一定平衡。正因如此,这种福利待遇旨在实行横向再分配。从本意看,这些福利也曾经是对生育的鼓励。但如今,研究已经清楚地表明,出生率与儿童补助金水平之间没有对应关系,即使人口低密度的状况有时仍旧在政策上与采用更好的儿童补助金计划的需求有关。

然而,十分特别的是,虽然儿童补助金旨在负担部分有关儿童抚养的费用,但是,通常它们的设定不会参考基于儿童利益的实际开支。儿童补助金的这一特性,在考虑其他补偿性开支福利待遇方面时会更加突出,例如,医疗保险。这可能就是一些学者主张改为采用针对明确的与儿童有关的实际开支予以(部分)补偿的制度,而不继续实行对不相干花费提供补偿性开支福利待遇制度的原因。实际上,这种转变也将有助于更好认识儿童补助金的另一个目标,即促使父母双方更易于进入劳动力市场。

二、儿童补助金的类型

通常,儿童福利计划包括定期补助金和临时补助金。

儿童定期补助金的额度常常依据孩子的数量和他们的年龄而变化。例
81 如,第一个孩子或许无法享受(全额的)儿童补助金。并且一些儿童补助金还可能根据后续孩子数量增加而相应减少。依据孩子年龄而改变儿童补助金的金额,意味着可以充分地照顾更年长儿童的更大开支。在少数想遏制过高生育率的国家,儿童补助金可能会被限制在两个或三个孩子身上。

儿童定期补助金通常在孩子达到特定年龄之前会持续支付。即使对这一特定年龄的认定并不统一,例如,大多数是以成年年龄为界,通常是根据儿童学习年数长短而变化。在这种情况下,对学生的年龄限制可以顺利地被延长到20岁的后半年。总体而言,是否达到固定的最大年龄取决于另一个情况,即是否存在能够承担起经济负担的助学金制度。换言之,事实上,儿童补助金计划若对达到年龄的儿童或甚至已独立生活的"儿童"继续支付定期儿童补助金,该计划就会被视为一种助学金制度。(严重)智障也会导致"儿童"获得福利的年数延长。或许在他们死亡之前都可以获得儿童补助金。在一些国家的民法领域中,常将这类人群等同于无民事行为能力的未成年人。

有时,定期儿童补助金对有特殊照护需求(残疾或患病)的儿童提供福利待遇。父母的特殊状况也能导致福利待遇的提高。例如,对于领取养老金者、病人或失业者等,他们享有的儿童福利待遇会高于同期拥有相近孩子数量的有工作的父母。

三、儿童补助金的获取条件

福利金额主要取决于出生这一事实。首先,基于与出生有关的开支会随着接连的出生事件而减少认识,此类福利的金额时常也随着接连发生的出生事件而递减。在例外情况下,以生育津贴方式支付的福利金额也可以由一系列新生儿用品替代(用品的价值高于福利金)。

儿童补助金通常是支付给实际抚养儿童并(或者)承担相应费用的人,而非支付给儿童本人。时常要求受益人与有关儿童之间存在家庭关系。不过,此处的"家庭关系",通常是作相当广义的解释。但是,涉及收养儿童时,就会产生一些问题,值得关注。

在儿童补助金计划中,养子女通常被视为与亲生子女具有同等法律地位。

目前,我们一直把儿童补助金作为一种补偿开支型的福利待遇。但是, 82
一些社会保障计划也采用了其它措施:对在家养育较年幼儿童(直到某一

特定年龄,例如,3 岁或学龄)的父母或者暂时照顾有特殊需求的患病或残疾的儿童的父母提供替代性收入。这种替代性收入的支付取决于其过去的劳动收入或已设定的固定金额。在有些国家,享有儿童补助金待遇的条件显示出对父亲的歧视,这会对父亲造成伤害。但是,替代性收入福利待遇通常提供给那些为抚养儿童而不再从事职业活动的父母。事实上,这意味着这些措施可能影响妇女融入劳动市场。

四、家庭补助金

迄今提到的所有的儿童补助金和其它与抚养儿童有关的津贴一起形成了家庭补助金中的一个庞大的类别,家庭补助金也包括其它类型的福利。例如,家庭补助金补偿有关照顾患病家庭成员的开支或者照顾共同居住的父母或者其他家庭成员的开支。所有这些家庭补助金通常都要求在家中照顾他人者与此类福利受益人之间存在一定的家庭关系。

家庭补助金可以被认为是被照顾者的权利(比如作为儿童的适当资格)、支付特殊开支之人的权利或扶养者的权利。因此,我们可以区分出权利人(如孩子)、义务人(如参保社会保险的劳动者)和适格的权利申请人即福利待遇的实际支付对象(如儿童的母亲)。

家庭补助金主要由覆盖全民的社会保障计划和财政预算支持。如若不然,该计划则会以职业为基础。我们通常会发现,一个人要为每一个子女争取权利显然会受到很多复杂因素的制约。当一个人无法为孩子争取到儿童补助金时,通常会获得社会救助计划中同等的补助金,但这须先经家庭资产状况调查。此外,当不止一个人有权获得福利待遇时,就需要设置优先顺序序列来确定谁应该获得。由于不同的儿童福利计划提供不同的福利(例如,孩子的父亲是工资性收入获得者,而孩子的母亲是自由职业者,自由职业者的福利较低),对于同一个孩子,存在多个有权获得福利者的,优先顺序序列就非常重要。

享受家庭补助金不一定需要经过家庭资产状况调查。它取决于家庭补
83 助金是给予每个人还是仅给予根据家庭经济状况显示确实需要给予补助金

的人,这个问题从字面上讲就是家庭补助金是普遍性的还是选择性的。

家庭补助金不一定添加到受益人的可征税收入中。通常在这方面,一些国家会将与抚养儿童有关的收入补偿以各种形式的税收优惠方式(共同)提供给予需要抚养孩子的人(例如,在个人所得税中提供)。

对家庭成员或特殊儿童的照护也可由养老金计划来提供相应福利,在家照护子女或其他家庭成员的期间,也会被视为拟制从事劳动的期间(参见第七章)。

第十二章　医疗保健

一、概述

人可能会患病或因意外事故而受伤，或者天生患有疾病或伴有残疾等。因此，人们需要医疗保健，使他们的身体尽量恢复健康或保持健康状态、缓解病痛以及采取别的办法使病痛更易被忍受。

因此，有完备的医疗保健并且易于获得，是十分重要的，即拥有受过训练的医师、护士、理疗师和药剂师，并且他们都在执业，以及医院和功能完善的基本医疗设备，等等。同样的，供给医疗保健的服务和机构、医疗措施和药品也应当有效地分配给真正需要的人。在经所有国家签署批准的国际法中，健康权包含以下两个方面：一是让所有人都有获得医疗保健服务的可能；二是让所有人都平等享有获得医疗保健服务的权利。尽管前者有时会超出健康权保障的范围，而社会保障制度总是对后者做出规定。

二、医疗保健服务的性质

在有些国家，政府（社会）保障制度自行提供医疗保健服务。在这类情形下，医师、护理人员和药剂师就都是政府和（或）社会保障制度服务的从业者。药品和其它医疗救助设备都将由公营企业制造，医院和医疗用品统统是政府（社会）保障制度的财产。应当注意到，对于此类情形，在这个方面，我们没有区分社会保障制度与政府，而且在我们看来，这种制度显然是过于简单化了。

85 医疗保健供给的另一种截然相反的制度类型，则是由私营主体提供全部的医疗保健服务。医师、护理人员和药剂师都是自由职业者，他们的专业技能已经合法的专业组织认可（通常会指定“医师协会”来认可）。药品和其它医疗设备是由私有企业生产的。无论是由自由职业式医师还是雇佣式医师组成的医院，都是私有性质。它们的所有权人可能是营利性机构或者更常是非营利性组织。

然而，在大多数国家，两种制度是混合的：医疗服务在一定范围或方面是公共服务，在其他范围或方面的医疗供应则是私营性质的。

需要获得医疗产品或服务的患者对人员或机构的选择，可能在特定限制下是完全自由的，也可能是不完全自由的。当医疗保健服务是由私营主体提供时，自由选择的可能性更高；但国民保健服务也被赋予自由择医权。选择的自由也会受制于固有的地理区域或者与社会医疗服务保险机构签约的指定医疗服务提供者。此外，法律有时也会限制不同机构之间交换医师，例如，这种交换在特定期限内只能进行一次。

社会医疗保健服务计划通常包括普通医师、专家医师、牙医、妇产科医师、护士和其他医护人员的服务。此外还包含住院护理，住院费完全或部分地由患者承担，以及某些形式的家庭护理。另外也包括各种类型的修复和矫正措施（比如眼镜）以及化验。在一些国家，疗养院也被包含其中。有时往返于医疗服务提供者或机构处的开支也被纳入社会医疗保健计划。在没有专门的社会保障制度的国家，社会医疗保健服务计划有时也会包含非医疗性的照护需求。

三、医疗保健服务的内容

哪种产品和服务属于社会保障范畴取决于每个社会医疗保健制度本身，可以是直接的规定，比如通过列举产品和服务，也可以是间接的，比如根据有权开处方者所开出的医疗产品或服务来确定。后者所指处方通常是由与社会保障计划合作的医师所开具的。社会医疗保健制度有时也会明确说明哪些产品和服务不属于保障范畴，比如那些被认为非医疗作用的矫正手术。显然，医疗产品和服务只有在社会保障计划聘用了相关的服务提供者或与他们签约或以任意形式为提供者的工作支付报酬时才会被纳入本范
畴。原则上，许多社会医疗保健服务计划会授权政府收缴没有被纳入规定 86
的与医疗产品和服务有关的费用；这仅存在于被认为有价值的个案中，比如

对有需求的罕见病患者提供充足的医疗保健服务，即使患者在国外，另外这也解决了由延迟供给属于医疗保健范畴的治疗或药品引起的问题。

四、医疗保健服务对象的范围

通常，社会保障制度不会给每一个申请医疗保健服务或产品的人提供相关的保障，而是只给予真正需要这些服务或产品的人。因此，社会保障法对如何正确评判对医疗产品或服务的需求做出了规定。通常，这种评判主要取决于医师。医疗产品和服务不是由医师“开出”的，或者说按照评判程序是不允许的，这些产品和服务或许能在私营市场以实际的价格买到。但是为了公共健康，这种购买可能会受到限制。

由于健康和与之关系密切的医疗保健越发被当作一种基本人权，这种社会保障制度的覆盖范围就应当是全民的或应当致力于覆盖全民。实际上，这意味着如果基于职业的医疗保健纳入社会保险制度，则通过强制或自愿的社会保险制度，其适用范围通常会扩张到绝大多数人。在医疗保险适用范围外的人需要为商业保险支付大量费用或自己支付医疗保健费用或依靠通常作为社会救助的一部分的医疗救助。

当医疗保险由各种社会保险制度和医疗保健救助提供而非由覆盖全民的国民保健制度提供时，就会出现不公平的问题。医疗保健服务的某些形式的实际获得权取决于某个人加入的特殊医疗保健系统的做法是不公平的。所以，必要的医疗产品和服务也可以依医疗保健制度获得，它们会对比人们在以职业为基础的社会保险制度中所拥有的保障数量和性质。

五、医疗保健的供给方式

医疗保健供给制度与许多其它相关制度具有相似性，但是仍然显示出一定专属特质，例如，基于“使用人付费”的考虑。当然，使用人缴费不会必
87 然地影响供给的平等性，至少当由患者缴纳的保险金仍然足够为其支付，并享有医疗产品和服务配给时，将是如此。使用人的社会保险金问题，将在本书的后续章进一步论述。

关于受保护人群可有效地支配的医疗保健服务供给的程序，可以有不同类型。

如前所述，社会保障制度本身对如医师、护士、医院和药品形式等因素做出规定。例如，它会对医疗保健制度的使用人提供相应的医疗产品和服务。当该制度覆盖全民时，它就会被称为“国民健康服务”制度。

但是，社会保障制度不能够或不可能有能力供应所有的服务或产品。在这种情形下，就必须依靠自雇者提供其医疗保健服务，要求作为自雇者的药剂师和护士、（公有或私有的）独立的医疗保健机构等提供医疗保健服务。此类情形中，社会保障制度通常会与各种代表医疗保健供应者、独立医疗保健机构等专门机构协商签订集体协议。这种合同的内容可能包括税收或支付服务费用的方式；合同未就此作出约定时，可由政府规定关于医疗保健资源分配的必要条款。无论如何，比如为了保护公共利益，立法者都会设定可干预这些事项的权力。有时，立法者也会对这些集体合同设置普遍的约束力，即对非协议组织的成员也产生约束力。此外，这些约束力也会导致社会保障计划不能基于集体合同来实施医疗保健服务，只能通过与个体医疗保健提供者、医疗保健机构等签约的方式实施。集体合同和个体合同或许排除了其它医疗保健的提供者和（或）社会保险机构签订类似合同的机会；但是这种情况并不多。法律有时甚至要求社会保险机构（医疗保健提供者）与其他自愿参与的医疗保健提供者（社会保险机构）签订类似的合同。

一种或相同的社会医疗保健制度能够包括两大部分：其一，部分医疗产品和服务由社会保障制度自身供给；其二，其余的，则由第三方提供。因此，属于社会保障计划、混合计划的医生，也可以与“被认可的”个体从业者签约。

六、医疗保健提供者获得报酬的方式

社会保障制度中的医疗保健提供者主要以工资形式获得报酬。在社会 88
保障制度中，私营医疗保健提供者通常按照绩效支付工资，即按照医疗行为支付工资。也可以按照挂号的患者的缴费来支付而不按照固定金额或医疗行为来支付。医疗保健机构可以以固定金额支付费用或者按照医疗行为或患者来支付;在这方面,“病床”数也常常作为计算报酬的方式。近几年来,一些社会保障制度也会按照病症向医疗保健提供者支付报酬:按最初诊断的病症支付固定的金额。医疗保健提供者可以自由供给所有他们认为合适的医疗服务和产品,因为他们获得的报酬不取决于他们选择的治疗方式。

医疗保健提供者的报酬也可以综合使用前述支付方式进行支付。

七、获得医疗保健服务的方式

由社会保障计划提供或提供给社会保障计划的医疗保健将给予被纳入社会医疗保健计划之人。他可以根据实物供给制度获得医疗产品或服务,这种情况常见于“国民保健服务”制度中。他(她)也可能需要支付相关服务或产品的全部费用但社会保障制度会对所付款项予以报销。这种报销制度是被用于防止过度的医疗消费,因为它让消费者体会到实际的医疗产品或服务的花费,即使他(她)随后可以获得相应社会保障制度提供的报销。但是,报销制度在医疗产品或服务非常贵的时候就会发生一些问题。显然,患者会因为无法垫付医疗费用而无法获得医疗服务或产品,这是不合理的。因此,报销制度也可能被“第三方支付”制度替代:作为消费者和医疗保健提供者之间的第三方,社会保障计划将直接支付费用。

实物供给制度和报销制度都保护了所谓的“受益人费用”,它是受益人最终必须支付的费用之一(比如按照医疗服务或产品的金额或一定比例的金额)。这种个人自己的社会保障金的设置是为了防止过度医疗消费。但是,这不是为了让贫穷的需要医疗服务或产品的人承担相关医疗服务或产品的经济重担。因此大多社会保障计划通常都会减收或免收贫穷的养老金领取者、患有某种疾病的人、和(或)低收入者的受益人费用。越来越多的费用由一个人(或家庭)在规定的一定期限内(比如一年内)以“受益者费用”的方式支付:最高额可能固定为一个数额,也可能根据一个人(或家庭)的相关收入或财产设定。

八、享有医疗保健待遇的限制

89

社会医疗保健制度通常会保障医疗保健不受任何时间限制。但是有时,一个人也可能被允许在等待期间届满之后才实际享有医疗保健服务(比如六个月),在等待期间中,他可以参加医疗保健计划,但是不享有福利待遇。

当医疗保健需求是由当事人自己的过错引起的时候,通常他(她)获得医疗保健服务的权利不会受到负面影响,当然,除非他(她)是为了获得医疗服务而故意采取违法行为,这种情况显然是一种例外。

大多国家向工伤或职业病受害人提供更优惠的社会医疗保健福利待遇:他们通常能免交使用费。但是,更优惠的待遇也有着严格限制,当事人必须在指定的医疗保健服务机构接受治疗或由雇主予以安排。

九、医疗保健制度的责任主体

在所有国家,医疗保健的费用如今都在上涨,这给社会医疗保健制度造成了极大压力,其根本的原因则更加复杂。例如,老龄人口日益增加其对医疗保健的需求。此外,医疗保健精密程度的提升也导致医疗服务费用上涨。一些医疗产品和服务供给的迅速增多:这点本身也导致了相关医疗产品和服务的需求的增长。除此之外,还存在一些原因,下面会提到。

关于什么是医疗保健的“过度消费”的问题已经由政府和社会保障制度以下列方式做出回应;通过限制供给的方式,比如在医疗培训中采用限制培训名额的方式,限制药店的设立,或采用候补名单的方式,或者取消部分一揽子医疗产品和服务的福利待遇(它们将以商业保险的形式供给)。另外还有其它加重各方当事人责任的措施,他们包括:患者、医疗保健提供者和社会医疗保险供应者。

对患者或医疗保健消费者而言,目前已经提到的措施包括了采用前述的使用人付费和将实物形式支付的制度转变为报销制度,或采用“免赔额”。在本书中,免赔额是指社会医疗保健制度的“自风险额度”。在每一年（或其他周期）中，被该制度覆盖的对象必须承担全部医疗保健开支，但该金额不得超过一定限额；而通常承保额将适用于超出该限额的费用开支额。

90 为了加重医疗保健供应者的责任，部分国家已经开始采用“预算余地”或“封闭式预算”：一旦预算同意提供的金额在设定年限的过程中被使用完毕，相应福利待遇的费用就不再由社会保障制度支付。因此，当这种预算安排导致所保障的医疗产品和服务被拒绝供给时，无论从法律角度或社会角度，这种费用管理方法都十分不合理。“封闭式预算”则显得要灵活些，它通过减少来年可用预算的方式来弥补本年度的预算超支。医疗保健提供者也会被要求支付他们以医疗行为方式提供的医疗服务和产品。因此，他们就必须在考虑实施医疗行为的成本。医疗行为的自由也会受到直接限制：某些使用了预先规定的（更便宜的）服务和产品的医疗行为，将由社会保障计划来支付。

（竞争性的）社会医疗保险机构的责任也会被加重，考虑到不同保险对象的特性（按照被保险人的年龄、性别等性质），对不同保险机构来年的可期待收入总额进行预设。如果预算花费比来年的实际开支更高或更低，医疗保险商将会依据亏损或盈余的不同来承担（全部或部分的）经济责任。

此外，医疗产品和服务的数量和质量都将被加大审查力度。比如医疗属性的设定应当让一个人更易于判断滥用与否。同样的，要求选择同类药品中最便宜的规定也是为了实现更好的费用管理。

十、医疗保健服务中的私营主体

医疗产品和服务的私营提供者、私营非营利保险机构和（或）商业保险机构都能以任一可能的方式与社会医疗保健制度发生联系。

私营医疗保险可以作为社会医疗保健制度的补充。当特定的医疗产品和服务不属于社会保障一揽子计划明示或默示的组成部分时，它们一般就是利伯维尔场经济中的某些空间；因此，相关的医疗产品和服务就能够被购买而使用，同时，这些产品和服务也可以被包括进入补充性的私营医疗保险之中。

私营医疗保险也可以有盈余，如此一来，它将替代在正常情况下患者本人必须承担的“使用费”给付。事实上，这种盈余保险可能会与受益人支付“使用费”制度设立的目标发生一定冲突。

有时候，特殊群体的人（如自由职业者群体或薪水超过某一额度的人 91
群）或许不属于一般的医疗保健制度范畴，或者虽属于适用对象，但赋予其选择放弃参加该计划的权利：他们可以选择参加替代性的医疗保险。有时，这种替代性的医疗保险是一种私营性质的医疗保险，但更经常是由社会医疗保险机构（共同或专门）提供。

当国民保健制度等社会医疗保健制度的受益人主观上不满足于该体系提供的医疗产品和服务时，他们可以决定同时参加私营医疗保险。实际上，他们从医疗服务市场购买原本已经由社会医疗保健制度承诺提供的医疗保健服务。在社会医疗保健制度中存在着重要的等待批准的申请人名单时，或者当社会保险制度供应的服务和产品的质量被确认为不令人满意时，就时常会产生对平行地供应的私营医疗保险的需要。

第十三章　照护依赖

一、设立照护依赖制度的目的

在20世纪末到21世纪初这个阶段，社会需要综合多种措施去解决有关丧失自理能力或独立生活能力问题。应当认识到，这两种新型社会风险和它们的解决之道是十分复杂的。的确，我们已经通过多种方式对风险做出精确的定义，寻找了多种社会性的解决方式去应对这一新发现的社会问题。多样化的解决之道很可能会产生混乱，因此，我们必须对此进行分类界定，并且不忽视能解决此问题的其它办法。

如果照护依赖意味着丧失自理能力，丧失全部或者部分的自我照顾能力，完全或部分地丧失从事日常生活活动的能力，例如，上、下床，洗澡，烹饪和购物，打扫房屋等，立刻就会遇到下列两个问题：

个人丧失自理能力的情况，在过去就已经出现了，为什么如今要将其界定为一种新的社会风险？

丧失自理能力或许是一个问题，但是有必要将其设立为一种独立于我们已知的社会风险之外的专门的社会风险类型吗？

换言之：为什么将丧失自理能力作为一个新的专门的社会风险呢？

为了回答这个问题并定义丧失自理能力这一社会风险的内涵，我们需要回头讨论创设这个概念的初衷。

在我们社会中，残疾人群体和无法自理的高龄者群体的确一直为人所知。但是，我们无法忽视在过去几年中发生的根本性变化。

我们不可能抛弃残疾人或者将其锁在家中或让其居住到封闭场所而远离正常生活，相反，我们应当让他们完全地融入我们的社会。实际上，我们已经认识到，排斥残疾人首先意味着社会无法充分包容残疾人。此外，老龄人口的增长超过了以往，更不用说所谓“第四纪”①人群生活在我们之中，我们应当庆幸人类寿命延长。这些高龄者可能十分健康，并不需要实质性的医疗服务，但是，他们也无法像他们 40 岁或 60 岁时那样照顾自己和家庭。

我们的生活方式发生了实质性变化。多代同堂现象逐渐消失。人口流动性的增强使家庭成员甚至朋友都住在不同地方。单亲家庭和单身者家庭不再是少数现象。这些都使得传统的由家庭成员在身边暂时或持续地照护丧失自理能力者的情形逐渐消失。此时，为让残疾人融入社会和满足日益增多的高龄者之需求，我们就需要更多的照护服务。

为此，如果家庭或非常规人群（邻居、朋友等）无法对丧失独立能力者提供照护，就得向市场购买照护服务以满足该需求。但是，在大多数国家，劳动力成本很昂贵，特别是那些拥有特殊专业技能的照护人员的服务，售价更高。

这些常常会导致下列结果：若没有家人或非常规的照护人员，丧失独立能力者很快就需要寻找可提供必要照护的、类似于家庭一样的机构接收他，就像他在自己家里得到帮助一样（虽然他可能更希望待在自己家里）。由于入住照护机构的价格也十分昂贵，这就意味着：退休者原本足够的退休金突然变得不够用，他或她或许此生不得不第一次提出社会救助申请。或许，公共社会救助机构会被要求直接或间接地为退休者承担入住照护机构所需的费用。

目前，在人不能完全自我照顾时，还有一种变通办法常常被采用，即通过医疗式的方法来解决该问题。人们寻求入住医疗健康照护机构而非单纯的照护机构。当然，这种解决方法将需要支付更高费用，因为这些人是待在医院，而且他们也会发生疾病医疗需求。 94

综上所述，我们有理由把丧失自理能力现象视为一种新的社会风险。不仅仅因为照护服务在性质和需求量上发生了改变，还因为如果将其纳入传统的社会风险类别（医疗保健、伤残抚恤金，养老金），是无法全面解决问

① 这是西方社会中用来形容越来越庞大的 85 岁以上人口群体时的用语。——译者注

题的，它会导致传统的社会保障计划无法妥当地适用，并且导致综合性的政策无法适用于丧失自理能力的现象。因此，除了设立专门的社会风险和专门的社会保障计划外，别无他法。

二、设立照护依赖制度的方式

如果我们要将丧失自理能力设定为一种专门的社会风险，能采用的方式非常多。

首先，我们可从照护需求角度切入。在一些文献中，照护需求和相应的照护措施没有对丧失独立能力做出限制：照护被认为是为了全人类发展而采取的救助手段之集合。无论是哪一种区别照护计划与丧失独立能力制度二者的观点，都认为丧失独立能力计划只是照护计划中的一个子类别。我相信，在几乎所有国家现行的社会保障法中，照护计划都不会超出覆盖全部或者部分依赖者的范围。

为了确保满足照护需求的重担不至于仅仅压在相关者个人肩上，可以考虑为无独立生活能力者创设新型的社会保险，当然，也可以采取别的办法：

创设公共照护制度，提供必要的服务和物品；

不将丧失劳动能力的适用范围与社会保险的适用范围合并，而是将其与社会救助的适用范围合并；或者

支持和强制规定个人丧失独立能力风险的保障范围。

保障的范围或许只包括完全丧失独立能力者，但是大多照护计划对于不同类型的丧失独立能力状况会有所区别。显然，一个人无法为自己做饭
95 或打扫房屋时或许就会产生照护需求，但是无法上下床和自己洗澡时也会产生照护需求。不同的丧失独立能力类型对应其适合的福利待遇。

三、照护依赖制度的福利供给形式

丧失劳动能力制度的福利待遇，尤其是丧失自理能力的社会保险，会包括现金和实物形式的福利。通常，相关制度都更常提供实物福利；现金福利

会低于实物福利的市场价。

实物福利可能包括派遣清洁员打扫房屋、送餐上门、专业护理人员或护士在规定的每周几小时的时间内进行照护等。在某些国家的医疗保健服务中,实物福利也可以适用报销制度。但到目前为止,仍被认为是一种例外情况。

现金福利包括周期性支付的资金,它常根据丧失独立能力等级而变化。它有可能需要接受家庭经济状况调查。

如果丧失自理能力者需要更换照护机构,照护依赖计划将支付入住新机构的费用之全部或部分。但是,一般说来,照护依赖计划会尽量让丧失自理能力者留住在家里。

当由非常规照护者来提供照护时,例如,配偶、父母、子女、朋友,就可适用现金福利。当然,其它社会保障计划中的福利也可以适用,例如,对非常规照护者的养老保险的社会保障金的支付,或许会规定替代性服务或替代性福利让非常规照护者可以定期放假或处理自己的事务。

照护依赖制度可能适用于全民(全民保障计划),也可能仅仅适用于劳动者(职业性保障计划);或者更进一步限定在超过某一年龄的人群(例如,只适用于80岁以上的老人)或者领取养老金者。住在照护机构的人员可能被排除适用,但是照护制度会专门解决对此类人群的需求。

或许,所有的专门的照护依赖计划都有一个特性,它们不是单一的。丧失自理能力的等级不同者,适用不同的福利待遇;居住在照护机构里和居家者之间的福利待遇也有着本质区别。只有少数情形下,照护依赖计划才会仅提供一种类型的福利待遇,通常都会有多元化的福利待遇可以满足照护依赖者的各种需求。

第十四章 贫 困

一、概述

在“贫困”论题,我们将讨论属于社会救助类别的社会保障计划,即主要向人们提供资金使其过上体面生活的计划。

在许多国家,向穷人提供资助并不被认为是专属于社会保障制度的公共互济式任务。家庭、教堂、社会团体以及所有慈善机构都在互济方面发挥了重要作用。但是,事实表明,对国家而言,救济贫困人口已经被认为是政府职责的一部分。基于此目的,政府创设公共慈善机构,就是为了照顾那些因贫穷而陷入困境的人。穷人可以请求这些机构提供服务,但没有被赋予占有这类福利的主观权利(例如,说是资格)。如今,大多国家见证了社会救助权的转型:从“反射性权利”的法律利益转变为主观权利或法定资格,因此,每一个符合条件的人都可以获得社会救助福利。然而,在大多数国家,社会救助行政机关在判定时都有一定的自由裁量权,特别是就非常规型的社会救助而言。

二、贫困救助制度的类型

社会救助制度可以被进一步区分为下列两类:一般救助计划和专项救助计划(参见第四章)。一般或普适性的救助计划用于保障每个人都能获得必要资金而过上体面生活,而不论其贫穷原因。专项救助计划针对遭受
97 特殊社会风险的人群提供必要的资金,使其过上有尊严的生活。对于失业者和贫穷老年人的社会救助,是最常见的两种专门性社会救助计划。另外还有其它(目的不同的)专项救助计划来向(某些类型)肢体和智力残疾者提供生活所必要的资金。这些类型的社会救助计划有时不只提供生活所需福利,也会向残疾人提供(部分的)有关其融入社会所需的特殊费用(可以

称之为“社会融入福利”)。

在没有设立最低工资的国家,全职劳动者或许无法持续为本人和依靠其扶养的人过上体面生活赚取足够收入。因此,这些国家常常采用专门的社会救助计划来补充职业收入,使其生活能维持基本水平。一些需经家庭经济状况调查才可发放的家庭补助金,或许非常近似于社会救助。

三、贫困救助制度的适用对象

社会救助的适用对象范围已在第四章讨论过。通常,只有贫穷或贫困的个人才可以申请社会救助。因此,每个社会救助计划都要求实行家庭资产状况调查。家庭资产状况调查的类型、实施方式以及产生的相关问题已经在第六章讨论过。就社会救助而言,家庭资产状况调查一般是针对所有财产的全面调查而非仅限于调查职业收入。调查对象一般还包括其他的家庭成员:他们的财产也会被考虑在内。基于这个制度,特殊的财产有时会免于接受家庭资产状况调查。例如,为了刺激失业的社会救助受益人去工作和赚钱,就会免予考察其工资收入。此外,当财产和(或)资本金作为基本的考察对象时,例如,一个人的面积大小合适的住宅用房常常会免于考察。有时,对于不一定是基于特殊目的而存储的小额储蓄和个人慈善捐赠,同样也可能免于考察。

若要获得社会救助,仅仅是贫穷还不足够。还要求当事人必须想依靠自己能力努力赚钱。当事人也须偿还个人欠款等,如有必要,甚至会采取法律手段让其偿还。还会要求获得救助者在申请救助前先行求助于赡养义务人。然而,受益人的任务或许也十分轻松。社会救助机关可以责令赡养义务人给予救助,然后再通过替代性方法对该救助实行补偿。救助机关或许会被授予自由决定权。但是,如今的救助机关的追索权越来越多地由法律规定。赡养义务或赡养令可能存在于配偶之间、父母与子女之间,在有些国
家也存在于兄弟姐妹之间或者祖父母与孙子女之间等家庭成员之间。赡养 98
令可以是法律强制的或在离婚或分家时当事人协议的;受益人需要对其前妻或前夫或无法独立的子女承担赡养责任。

显然,对有权获得社会救助者的最主要要求,就是希望其通过工作过上体面的生活。就像失业福利计划一样(参见第十章),获得救助且有劳动能力的人(所以,通常他们不是有权获得老年人福利或丧失劳动能力福利之人)必须有准备工作且愿意工作。但是,适宜的工作的概念通常不同于失业福利计划中的相同概念:一方面,有权获得救助者会被要求具有能适应不同类型职业的高度灵活性,另一方面,在特殊情形下,有很多因素都会被用以认定某个工作是不适宜的。有些情形中,工作意愿的要求会在一定程度上因家庭资产状况调查的影响而失去作用。因此最好应当把各种非有偿劳动的收入排除出受益人的家庭资产状况调查结果之外。对工作意愿的要求,不仅仅是希望有权获得救助且有劳动能力之人能通过适宜的工作抓住每一个可获得收入的机会。在许多国家,这种要求也是为了让当事人参加公共福利事务的义务。在某些国家,这种义务被认为是希望当事人将其作为回报所得社会救助的一种回馈行为(有时将其称之为"工作福利",是"为福利而工作"的缩写)。社会救助计划越来越多地要求行政机关和社会救助对象在所谓的"合同"中约定各自的权利和义务。在这些所谓的"融入合同"中,当事人需要,作为救助的交换,表现出主动意识以确保自己重新融入社会。虽然这些主动意识常常与(寻找和从事)有偿劳动有关,但也可以是教育或职业培训或者参加戒酒或戒毒康复项目。

四、贫困救助福利的供给方式

原则上,社会救助福利应当由适格者主动申请,尽管社会救助法时常放弃了这一原则,因此,使得社会救助机构可以自行规定其提供救助的方式。对个人权利的忽视常常是社会最弱势群体中最不需避讳的话题,由于需要申请,个人需要社会救助的事实仍常常被认为是一种耻辱,即使是有赡养义务的家庭成员(也同样贫困的)提出申请,也会让人觉得羞耻:这些都说明了为什么在大多数社会救助计划中,实际受救助人数要远远少于有权获得
99 救助的人数。换言之,这里存在的主要问题是所谓社会救助福利"不占有"。

社会救助可以以实物或现金方式供给。但是，实物形式的社会救助，例如，发放煤炭或食物，可能会带来更多羞耻感。而现金形式的社会救助，其缺点是现金的用途非常多，也可能被用于购买酒精或毒品。有时，社会救助会在实物救助和现金救助中寻找折中的办法。例如，发放代金券，它只能换购特定商品。

五、贫困救助待遇的给付期间

社会救助的形式包括定期救助福利和临时救助福利。

定期社会救助一般是在特定周期内向适格者提供其过上体面生活所必要的资金。通常确定救助福利金额的方法，已经在第六章讨论过。

临时性社会救助一般是用于补偿特殊开支项目，例如，帮助消费者更换洗衣机之类的有故障的耐用品。就临时性社会救助而言，社会救助行政机关在制定政策方面享有更大自由度。临时性救助不仅仅包括现金、实物或代金券，还包括提供低利息率或无息的担保或贷款。此外，也可能提供诸如预算辅导之类的非物质性救助。

在专门的社会救助计划中，临时性救助有时会采用非常特别的形式。例如，对残疾人的救助，可能会对残疾人需要修理的房屋和车辆提供支持。

医疗救助是临时性社会救助中一种相当特殊的形式。它让没有参加任何医疗保健服务之人也能获得医疗保障。

六、第三方义务

社会救助行政机关保障救助供给的可能性或者甚至是义务，例如通过第三方补偿社会救助的义务或可能性，将在第十七章进一步讨论。第十七章也将详细讨论社会救助中出现惩罚的特殊性。目前，可以说，既然社会救助是为受益人提供过上体面生活所必要的资金，那么，拒绝发放社会救助和
(或)基本生活福利的全部、部分，甚至是临时拒绝救助，都会有损人的尊 100
严。因此，任何处罚都应该是在保有最大谨慎并且已经充分考虑所有相关利益之后，才能实施。

第十五章　社会保障资金的筹集

一、概述

社会保障福利需要开支巨额资金，因此就需要筹集必要的社会保障资金。当代社会保障法一般都赋予适格者实际获得社会福利的主观权利，故应当备足资金应付预计的开支。只有在少数的例外情形下，才会以既定数额支付，直到资金耗尽。这种在既定额度内的开支偶尔会发生在某些医疗保健计划和某些社会救助计划（封闭式预算方法）中。在社会保险计划中，也试图通过采用资本化或基金化制度的“规定缴费制”[①]的方法来解决资金问题（见本章之后的论述）。福利金会基于当事人支付的或为了当事人自己利益支付的（固定的）保障金计算（最终的增加或减少取决于资本化运作后的损益）。但是通常来说预算基金应当充分满足未来的申请。因此，未来的开支需要经过预算。如果预算所定出的未来开支过于乐观，就会产生赤字。但是如果准备了太多的资金但并没有花完，就会产生盈余。

社会保障制度或社会保障计划的预算是由当局或其行政机关制定的。显然，政府财政给予社会保障制度或计划越多的钱，对其的控制也将越多。

为社会保障制度筹集资金的最常用方法是基于相关人员的社会保险金贡献和政府补贴。有时，还可加上其它“可替代的”筹资形式，例如，所有类

---

① 规定缴费制，又称缴费确定制，是指企业根据各期提存的金额及基金的投资收益来确定养老金支付金额的养老金计划。企业各期所承担的养老金义务一般就是该期应提存的金额（由计划中规定的计算公式确定），当每期实际提存时，其现行义务就得到履行。根据权责发生制原则，企业各期应确认的养老金费用通常就是当期应付的提存金。它的会计处理只需在提存时借记“养老金费用”，贷记“现金”（实际提存时）或“应付养老金”（尚未实际提存现金时）。如果企业各期应提存数额与实际提存数额之间不等，则构成一项负债（应计费用）或是一项资产（预付费用）。——译者注

型的“基于特定目的”税[①]、“影响”税，以及社会保障机构资金的增值和享有社会保障制度服务的使用人的缴费。后续的段落会进一步详细探讨筹资形式。

二、社会保障金的筹资方式

在大多数社会保险制度中，至少会有部分资金是由社会保险的被保险人和（或）他们的雇主缴交的社会保险金构成的。

（一）企业和劳动者应缴纳的社会保险金

在企业劳动者的社会保险制度中，雇主应缴纳的社会保险金与雇员应缴纳的社会保险金是有区别的。雇主的社会保险金通常按照雇员的名义工资（即在扣除雇员的社会保障金和所得税前的工资）的某个百分比计算。社会保险金的比例（或社会保险金额）是由政府和（或）与社会保险计划有关的社会保障机构决定的。构成社会保险金基准数的工资可以是实际工资或受到最高工资额限制的工资（社会保障金不会对超出最高额的实际工资之差额进行征收）。这种社会保障金最高额度或受限制的基准数可以适用于雇员的社会保险金或雇主的社会保险金或同时适用。通常，雇员缴交的社会保险金不会高于雇主的。唯有雇主的社会保险金能够被征收。如前所述，社会保险金主要是按社会保险金基准数的一定百分比计算的。因此，社会保险金额是保持均衡的，在限定范围内，有时甚至是递减的。在大多数国家，这与收入税相反，后者是累进的。

从比较的观点看，雇员应缴的保险金与雇主应缴的保险金的分割是互不相关的，犹如这种分割达成了雇主和雇员之间力量平衡，形成了劳动力市场状态，它共同定义了确定名义工资的方式。对社会保障而言，名义工资的数额不是中性的，它取决于对其征收的税和社会保险金。显然，在一国范围

---

① 针对具有私人物品特性的公共产品和服务供给而征收的“专款专用税”反映了直接的成本和收益关系，使纳税人或其代表能够比较每一项活动而不是包含着多种成分预算的成本和收益，从而更理智地和有效率地选择结果。——译者注

内，一旦雇主应缴交的社会保险金和雇员应缴交的社会保险金是固定的，且名义工资已经被确定，任何改变二者之间缴费比例分配的，都会对二者产生影响。雇主为就职的雇员支付的金额和雇员在扣除所有社会保险金之后所得的金额之间的差额，依然十分需要探讨。这种所谓的“梯度差”的差额体现了社会保险的价格。

102 (二)自雇者缴纳的社会保险金

显然，自雇者的社会保险制度不依靠承担社会保险缴费义务的工资来运行。它的社会保险金基准数是通过实际的、经预测的或已公布的劳动收入来计算的。在部分国家，该制度会与税务机关合作来确定收入和需要征收的社会保险金。首先，应由税务机关核定出劳动收入，这会导致延迟最终社会保险金责任的认定。在自由职业工作的最初阶段，暂定的社会保险金制度最常被采用。当社会保险机关依职权收缴自由职业者的社会保险金时，会发现很难甚至不可能确定其实际收入，于是就会对收入进行预测或者采用自由职业者自己公布的收入来计算。就自行公布收入的方式而言，显然需要让自由职业者认为公布足额的劳动收入是有利可图的(可能获得福利)。针对自由职业者的社会保险制度，也存在社会保险金的最高额基准，有时也有最低额基准，后者是指对实际的、预测的或公布的收入通过常规计算方式所得的金额较低时所采用的额度。当不是所有发放的福利都完全与需履行社会保险金缴费责任的劳动收入有关时，就会需要最低社会保险金制度。为了防止此类福利(例如，健康照护)在欠缺以社会保险金这种形式获得适当回报时而被享有，就会采用最低社会保险金。解决这种滥用福利的另类方法，是将这些劳动收入未达某一限额的自由职业者排除出适用对象范围。此外，这种方法不仅仅针对自由职业者，也能适用于极低收入的雇员。

(三)两种社会保险金之间的关系

在大多数国家，都有让雇员和自雇者承担相同社会保险缴费责任的趋势。实际上，这意味着当福利平等时，自雇者自付的社会保险金将高于雇员,但不一定或者不会将自雇者的社会保险金提高到雇主保险金和雇员保险金合计总数之额度。有时,对公务员会征收较低的社会保险金。这是由他们劳动收入的特殊性质决定的,更高的社会福利,显然意味着更高的养老金,这被认为是对他们赚取少于私营行业的工资的一种补偿。然而,目前的趋势是让公务员向雇员看齐,承担相同的社会保险金缴费义务。

当社会保险制度适用于全部人口时,社会保险金通常按照全部可征税收入或劳动收入来征收,且可能限制在一定金额内。

(四)政府津贴

许多作为雇主的行政机关"缴交"的是特殊雇主的社会保险金,这种隐性的"社会保险金"组成了社会保险福利的财政负担,它是由政府雇主负担的。这显然又是社会保障制度的一种实质性收入来源,即政府津贴。 103

三、社会保险金的缴费方式

社会保险金,可以直接向负责收缴社会保险费的社会保险机构缴交。但是,实践中,一般情况下,还存在其它多种收缴方式。例如,雇员的社会保险金通常由雇主从雇员工资中代扣,连同雇主自己应缴纳的社会保险金,一起缴交给社会保障系统。因此,雇主不仅要负责缴纳自己的社会保险金,也需要代为缴交雇员那份。社会保险金以可征税收入或劳动收入作为缴交的基准数(或者作为基准数计算的起点),并且常常与个人所得税一起征收。由税务机关执行的征收不会将社会保险金与全部税收合并,而是转交于专门的社会保险基金,因此,通过税务机关征收的社会保险金不会使社会保险金被认为是一种税。

雇主应缴纳的社会保险金将从雇主的营业收入(利润)中扣减。通常,雇主缴纳的社会保险金中,帮雇员代扣的那部分金额不会被征税;但是,雇主在缴纳社会保险金之后的剩余收益,通常会被征税。雇员应缴的社会保险金不一定会作为雇员收入的一部分来征税。通常是不征税的,但是,缴纳社会保险金之后的收入则会被征税。用来应对某些社会风险的行业社会保险金、覆盖社会风险的公司或者个人的私人保险可以或者不可以全被征税。基于此，这很可能会造成后类收益本可征税却未纳税。显然，这类社会保险金和福利所属的财政制度对这种补偿性社会保障措施的吸引力有很大影响。

有些国家则面临雇主不愿意或没能力将其社会保险金和(甚至)雇员的社会保险金有效地缴交给社会保障系统的问题。更麻烦的是，采取惩罚措施有时会产生不良后果，最明显的不良后果就是导致企业破产和解雇雇员。

四、社会保险金的确定

在部分国家，社会保险金(和政府津贴)是依据每一个社会保障计划
104 (甚至社会风险)确定的；而在其他国家，社会保险金(或政府津贴)是依据总的社会保障制度而确定的。分别筹资的管理能更好地保障各类不同福利计划的筹资的充分性，但它也可能导致某种福利计划资金过剩，而另一种福利计划则遇到资金赤字。但是，这种情况随后可以通过把这个计划的资金划拨到另一个计划中使用的方式解决，不过，通常这种划拨不被法律或政府允许，也不会吸引社会机构留出盈余。这或许会导致自相矛盾的状况，因为一个社会保险机构会把资金投放到市场上进行投资，而另一社会保险机构却被迫以市场价协议贷款。显然，只有金融机构能从中获利。

在社会保险金部分的结尾，可以说，所有提到的社会保险金都与社会保险参保人和其劳动收入有关。我们不仅反复论述了义务人，也论述了义务机构。按照该理论，为鼓励就业，可以稍微减轻劳动密集型产业的负担。但是，到目前为止，对机构的社会保险金或企业的增值税或营业额的征税还很少。

五、社会保险金的筹资对象

我们看到，社会保险金主要是以相关人群的劳动收入作为征收对象，从传统看，没有社会保险金是会以社会保障福利所得为征收对象。然而，这个

现象正迅速地发生着变化。越来越多的社会保险金是以社会保障福利所得为征收对象(社会保险金率会等于或优惠于按照劳动者的劳动收入征收的社会保险金)。显然,在逻辑上,这只适用于替代性收入而非补偿性收入福利等。虽然社会保险金的收缴是为已经向人们支付社会福利待遇的社会保险计划筹资,但这种情况很少见。实际上,社会保险金是为其它社会保险计划筹资的。在这方面,我们可以参考养老金的社会保险金征收和为老年人医疗保健服务的筹资情况。还需说明的是,在一些情况下,儿童补助金是随着可征税收入发放的,即使这是一种补偿性福利。

社会保险计划和社会救助计划都可以由政府供资:通常对前者是部分供资,后者是全部供资。通常,全民式补助将全部由政府供资。因此,政府总资产的一部分会用于社会保障制度。采用政府津贴方式供应的资金将包括社会保障制度的全部开支。也可以是固定比例的社会保障开支,此外的资金则由社会保险金提供。它也可以是与某类人群或某些状况相关且由政府承担特殊职责的特定开支(比如残疾人或战争受害者)。最后,也与社会保障计划可能会有的财政赤字有关。

社会保障计划的政府津贴不一定来自同一个政府主体。就社会救助计划而言,部分费用是由地方上管理专门计划的政府支付的,另一部分则由地方政府或中央政府支付。即使政府本身没有向某一社会保险计划或制度提
供津贴的法定义务,但是基于法律,也仍旧要常常保障可能由社会保险制度 105
提出的申请。因此,政府要确保这种申请能被肯定,这常常在某一这类制度无力偿债时发生的经济后果。

六、社会保险金的其他筹资方式

社会保险金、政府津贴以及其它筹资的"可替代"形式均存在于许多社会保障制度中。

首先,所谓"社会税"和各种"特定目的"税和"影响"税(有时不这么称呼,而称之为"社会保障税")。它们所得款项不会与政府的一般税收合并,而是分配给社会保险计划。有人有时会试图将特定目的税的目的与社会保

障计划中的社会风险结合在一起,这些社会保障计划从其所得款项中获益。例如,针对烟草产品的“影响”税,其所得款项会划拨给医疗保险,或者由雇主缴交的社会保险金会划拨给企业运转的社会保险制度的相关基金。但这些“社会税”通常对社会保障制度或计划的筹资发挥的作用是有限的。

社会保障机构可以在一定时间内拥有自己的税收收入或增长其资本金。因此,这些财产的收益也可以是一种社会保障资金。如果一个社会保险计划是靠资本化运作,资本的实际投资所得甚至会成为其最重要的资金来源。

一旦一个人属于社会保障计划的适用范畴(且一旦一个人缴付了相应的社会保障金),就会确保他无论何时面临该保障计划所涉及的社会风险,他都能请求相应的福利。这种福利一般是免费的;但是他可能会在收到相关福利时被要求支付受益者费用。受益者费用常常发生在医疗保健和照护福利制度中。比如,当就诊或购买药品时,社会保险参保人需要承担部分的费用;这种受益者费用会让当事人形成一定的责任感,也会减少医疗消费。这种受益者费用会以实际支出的一定百分比或固定金额来计算,从而有助
106 于社会保障制度的筹资,至少据说是如此。但是我们相信这可以从不同的角度看待。的确,受益者费用措施实际上就是对社会风险范围的限制,因此这不是一笔为社会保障制度筹资的资产,而是对社会保障制度开支的控制。

有时,个别雇主还需要把一些社会保障福利的费用支付给他们的雇员。雇主随后可以决定是对与这些保障福利相关的风险再投保或自行处理这些风险。对于后一种情况,相关的社会保险措施的“筹资”在其账户上就不再是一种必须为应付这种社会福利金可能上涨而保留的准备金。这种账户中的保留或许存在于由企业提供的养老金计划中,一些雇主也会作为他们企业发生的工伤事故的保险人或承担起职工的疾病津贴的费用。

七、社会保险金的运行方式

大多的社会保险和社会救助计划都以“以收定支”或再分配的方式运作:现在的社会保障金用以支付现在的社会保障福利。只有少数情况下,法

定的强制社会保险计划会采用“资本化”或“基金化”方式运作：现在的社会保障金用以筹集福利资金之后（可能）再提供给缴付了社会保障金之人。通过基金化或资本化措施，我们或许可以区分出那些以规定缴费制的社会保障金运作的方式和那些以规定缴费制的福利为基础的运作方式。资本化或基金化方式似乎更适合于长期的福利供给，但无法满足短期的福利供给和补偿开支型福利供给。补充性的商业保险通常以基金化方式运作。在某些国家，社会保障包括个人储蓄账户的社会保障金，它可用于不同的社会目标（买房、支付医疗保险费用、人寿保险等）；这种个人储蓄账户也可以被看成是一种非典型的资本化或基金化形式。

从资本化或基金化制度转换到以收定支或再分配制度不会导致特殊问题。但反过来却十分困难，因为这意味着在转换之后的征收对象可能既要为现在的养老者（靠再分配制度生活）支付费用，又要为将来自己的养老金支付费用。这种从再分配制度到资本化制度的转变似乎只有在现有再分配制度（实际或拟制的）入不敷出和（或）当（国外或国际）贷款足以应付按照此前的再分配制度而获权利之人的福利时，才可行。最近，部分国家重新制定了他们的法定养老金计划以使其具有混合性：大部分继续保持以再分配方式运作，而新的、小部分的则以资本化方式运作。

以收定支或再分配制度通常以年为单位运作：本年的社会保障金将会
被计算以确保应付本年的开支。然而，再分配制度有时也以长期福利类型
运作（比如七年），在这情形下，就应当保障有足够的资金来确保可以应付
更长时间后福利待遇请求的增加。此外，也存在社会保障金计入个人（养 107
老金）账户的（养老金）计划，但是它是以社会保障金积点的方式体现。每
一年，这些积点的价值就会以现金形式表现出来。（养老金）福利随后就会
按照所积累的点数发放，在支付的时候这些积点就会按照兑换时的点数转
化为现金。

资本化制度，就像前述两个例子中的特定再分配形式，一般都是通过筹集和管理社会保障制度的资金来建立基金的基础。显然，基金包含的资金越多，对金融市场的影响就越大。再分配制度并不特别需要这种基金库；它

可以通过一些“流通资金”来运作，某些资金供给或多或少可以顺利地满足（当下）的申请。

当一个制度已经运行很多年时，再分配制度和资本化制度之间的实际区别会变得很明显，因为通过在工作的参保人所带来的资金实际上首先会用于支付退休的参保人的福利。那么什么才是资本化制度和再分配制度的实际区别呢？就资本化或基金化运作方式而言，之后支付的福利取决于（通常是全球的）金融市场的发展，而就再分配或以收定支的运作方式而言，未来的福利取决于（国内）劳动力市场的工资水平的发展。

八、社会保险金筹资危机

许多社会保障制度（特别是关于医疗保健和养老金的）如今都面临严重的财政问题。这主要是源于老龄人口增加和出生率降低两方面。此外，越来越多的年轻人在校学习时间逐渐变长，同时越来越多的国家采取措施在较早的阶段就让劳动者退出劳动力市场以便应对失业。这会导致积极（消极）比例的恶化：减少的就业者和增加的领取社会保障福利的人的比例。显然，增加的失业率也导致了这种现象。此外，医疗保健费用已经达到史无前例的高水平，同时逐渐增加的老龄人又需要更多的医疗和其它形式的照护。最后，我们必须说明，在许多国家，仅仅在几年内，现有的社会保障制度就达到饱和增长，因此，一个人就得开始支付全套的养老金。此外，这种社会保险制度甚至承担得更多，在过去，它通过劳动和工作期间（承担社
108 会保障金责任）来平衡各种不劳动的期间（如为抚育年幼孩子而中断工作）的方式来承担。

需要注意的是，对于所有筹资方式而言，在许多国家都认为税收的上限已经达到了，而且有时已经承担了重要公共债务的政府缺乏资金，因此，越来越不可能拿出必要资金去支持社会保障制度的筹资需求。

九、社会保险金的流动

在同一个互济网络中，一个人很容易就能发现资金从富裕人群流向穷

人,从在岗劳动者人群流向过去的劳动者或前劳动者处,从这一代流向另一代,从一个地区流向另一个地区。对于最后一种情况,即资金从一个地区转到另一个地区,会持续对一个地区有利而对另一个地区不利,这很可能导致人们质疑保留普遍的互济制度的重要性。对于现存的社会保障制度的资金在一国境内自动转移到另一个地区而言:研究表明这不会导致该国财政和经济统一的分裂,至少就社会救助、医疗保健和家庭补助金而言不会。但如果是替代性收入福利的自动转移,就会很不一样。

在以收定支或再分配制度中,隔代互济仍旧存在。这种互济性意味着劳动人口愿意提供资金去满足上一代人的社会保障申请。但是这同样也会导致一种认识,当代的劳动人口没有形成这种社会保障制度,用已经证明是无法承受的开支来承担下一代保障责任。

十、税式支出

社会保障制度对遭受社会风险之人提供保障,但是也有其它方式可以解决社会风险。在这方面,我们可以关注税收制度。通过对通常需征税的收入进行免税或减税征收的方式,可以产生类似于社会保障福利计划所产生的效果。这种现象就是所谓"税式支出"。

第十六章　司法保护

一、概述

不是所有社会保障管理机构做出的决定都能得到相关人群认可的。例如,当管理机构拒绝向申请人授予福利,或者当事人认为所获得的福利太少的时候,这些决定就不被申请人或者受益人认可。因此,在尊重法律的国家,当人们不认可由社会保障管理机构做出的专门决定时,会提供必要途径去反对这些决定,换言之,他们应享有某种形式的司法保护。

二、行政程序的救济

在许多国家,与某一行政机关的决定有利害关系的人,都有权在行政机关作出决定前获得陈述机会。

在大多数国家,司法保护的第一步就是要求做出有争议决定的社会保障管理机关进行内部审核。相关人员可以(有时则是必须)请求社会保障管理机关复议其决定,或者至少他(她)要求其后可以采取法律行为反对这一决定。此类请求由最初做决定的管理机关的相关部门来受理,也可以由该争议中依职权被指定的上级部门受理。有时还会在社会保障管理机关内部设立专门的复议机构。在各种内部行政程序中,复议程序不是由做出决定的行政机关实施,而是其他行政机关来实施的。

相关当事人在行政系统内部就能够获得满意结果。如若不然(或者内部行政复议程序空缺),相关当事人通常不得不寻求法院保护。法院提供

111 的司法保护随后就会受理。现在,我们首先讨论此类内部行政复议可以采取的不同形式:它可以采用某些正式规则或与之相当的非正式规则。通常,利害关系人有机会获得行政复议机关的聆讯;但是很多传统的程序性的权利不会在内部行政复议开始之时就全部获得。例如,程序不会都以抗辩方

式进行，也不会完全保证双方当事人的平等性；此外，新决定也不总是以公开方式宣告，等等。无论如何，新决定通常都会做出，它不一定与原先的决定相同。总体说来，当事人至少会因此发现更易于确认其向法院起诉的诉由。

三、法院的司法保护

在有关社会保障案件中，法院的司法保护可以采取多种不同方式。关于社会保障的诉讼，可以安排由民事法院管辖或者由普通行政法院的管辖。然而，情况并非仅此而已。通常会设立专门法院来裁判社会保障诉讼，这些专门法院有时也可以管辖其它诉讼，例如，劳动案件。刑事法院则通常负责社会保障刑法的执行，民事法院则常常负责裁决对受到行政机关侵权而产生损害结果的人们之赔偿争议。

通常，社会（保障）法院的法律诉讼程序不像一般法院那么严格和正式。当事人通常可以在无法律从业者（例如，代理律师、出庭律师）帮助下完成诉讼，而不像其它诉讼中那样。这种诉讼也可以由行业协会和（或）工会的代表或甚至家庭成员协助或代表当事人出庭。此外，当事人有时还可以申请免费的法律援助。 112

对当事人来说，社会（保障）法院的诉讼费用通常是非常少的：可能是免费的或是由行政机关承担。即使在法院判决当事人败诉时，这种情形也可能发生。

很多社会保障诉讼的特殊性也有利于导致下列结果：即使采用常规程序，仍应当有能力以比普通民事诉讼快得多的速度做出裁判。例如，评估医疗照护需求或丧失劳动能力（等级）的程序，就必须很快完成。经过一段时间后，怎样才能够确定当一个人第一次请求社会保障待遇和（或）服务之际，管理机构曾经有资格拒绝或核准了什么？一年后实施的医疗检查未必就能够发现原委。因此，社会（保障）法院也可以利用常任医学专家来帮助其作出公正裁决。

社会保障诉讼中的举证责任的分配，也会引发特殊的问题。社会保障法经常会在推定的基础上适用。例如,在有关意外事故是否应被认定为劳动事故(工伤)的问题上,就很常见。因为关系到该认可的后果。还有一种情形有时也以推定为基础:例如,当既定时间中某个人是"兼职者",通常会推定为其享有福利之前的阶段也是一个"兼职者"。当然,这种推定必须十分慎重地进行。

通常,社会(保障)法院也存在"一审程序"和上诉程序。上诉程序或许会转移给民事法院。基于合宪性审查,社会(保障)法院的决定通常被允许撤销或上诉,只要这种法律救济程序在一国是可行的。但是,通常不会只有一个社会(保障)法院有管辖权来受理社会保障诉讼。有时,根据诉讼的性质、相关的社会保障计划等,会有若干个社会法院均享有管辖权,这种情形并不少见。例如,对社会保险诉讼享有管辖权的法院会不同于管辖有关社会救助诉讼的法院。社会(保障)法院也可能对所有的社会保障诉讼都没有管辖权,其它民事法院则也可能会有一些附加的管辖权。

虽然大多社会保障诉讼主要针对主观权利(或权利),但也可以是关于法律利益或"反射权利"的。后者是指社会保障法没有将某种主观权利赋予某人而是设置了让人们可以获得福利的社会保障计划。在这种情形下,当社会保障法赋予社会保障管理机关自由决定的管辖权时,同样也可以赋
113 予法院自由决定其司法保护,即使是最低限度的。例如,法院可审查社会保障管理机构执行管辖权的方式是否是任意的或越权了。在社会保障案件中,社会(保障)法院可能不仅仅审查争议中的行政决定之合法性,有时也会进一步审查其决策的时机,即审查其决策是否是为了普遍利益并以最佳方式做出的。

四、其它类型的司法保护

实际上,侵犯社会保障权(或社会保障法律利益)的情况也许没那么泛滥,而只是当事人无法忍受社会保障行政机关在相关程序中对其的不公平待遇,也可能是一个人的权利虽没有被妨碍,但是他认为立法者或行政机关完全忽视了他的特殊状况,因此他面临着严重的不公平待遇。在这种情形

下，如果可以，通常需要一个行政监察专员①去解决这一问题。行政监察专员可能是专门负责社会保障问题，但他（她）主要的职责还是执行更普遍的任务，保障公民防范政府。如果行政监察专员被要求处理申诉或决定自行处理申诉，他享有很大的调查权。他将听取各方当事人陈述并且试图以友好方式解决争议，即庭外和解。最后，他的主要任务是撰写随后可能会公开的和解书。

最后，需要提到的是，当公民未被告知可以采取法律救济程序时，司法保护的作用就无法全面发挥。因此，必须公告所有相关的法律保护的可能性。在许多国家，社会保障决定书通常会告知最重要的社会保障的法律救济措施，以便在当事人不同意该决定时可以寻求救济。

① 行政监察专员制度（Omubudsman），最早见于1809年《瑞典宪法》。根据该宪法，瑞典设立了议会监察专员，他有权监督法官、政府官员是否遵守法律和法规，并有权提出立法建议，成为一个监督行政机关及其他公共机关违法和不良行政的机关。

第十七章　社会保障法的效力

一、概述

社会保障法制度不仅赋权符合其适用对象范围之人,同样也对其课加大量义务。不履行这些义务,会导致当事人无法满足获得社会保障福利的必要条件,或许还可能对不履行义务的人实行处罚。这种处罚可以由社会保障计划自身实施,也可以用刑事处罚方式解决。有时,社会保障欺诈的状况也十分泛滥。使用“社会保障法的效力”一词,是为了全面覆盖社会保障行政机关的所有规定和有权处罚不履行社会保障义务行为的行政机关所采取的全部措施。

二、社会保障义务

在社会保障法制度中,什么义务是最重要的呢?首先,当事人会被要求以详尽且诚实的方式向社会保障行政机关履行告知义务。当事人常常被要求主动告知社会保障行政机关可能(在一定程度上)影响其社会保障福利获得权的信息。当然,当社会保障机关询问时,也应当诚实且详尽地如实告知,至少在相关行政机关依职权收集信息和(或者)该信息有利于社会保障法的执行时,都应当如实告知。

但是,大多数时候,社会保障义务都不会仅仅规定告知义务,人们也会被要求协助社会保障法的执行。在这个意义上,告知义务也是一种协助义务。此外,还存在其它义务:例如,为了确保能制定合适的康复训练计划而进行体检的义务,失业时参加补习课程和职业培训或做好再就业准备的义务,完成公共福利目的的工作的义务。或许,享受社会保障之人会被要求履行非常多的协助义务。当然,社会保障立法机关或行政机关在设置这些协助义务时也会自我限制。当事人的基本权利和自由应当受到保护。同样的,在义务和相应的社会保障福利之间也需要有合理的平衡。例如,给予未成年福利,若以负担繁重的协助义务为代价;若以反应强烈或痛苦的体检为代价,这类做法就不可行。此外,被设置的义务与社会保障制度有效运行的目的之间也需要有合理的关联性:当可以采用别的更容易且更低成本的方法获得信息时,就不可以对当事人苛以严格的告知义务。

三、社会保障行政处罚

属于社会保障适用对象范围的人,若在不符合条件时申请社会保障福利,其申请就会被拒绝。这显然不是处罚,而是社会保障计划的效力。这里存在下列两种观点。

1. 为了论证协助义务会影响人们的隐私权等,或其他与人权有关的权利时,当事人通常采取以下角度论证该情况:法律制度不会允许侵犯个人隐私权的,也不会限制个人的基本权利,因此当事人可以选择以此为基础进行论证。他也可以选择在一定程度上自由受限但继续享有他的社会保障福利,也可以选择获得全面的个人自由而放弃社会保障福利。然而,这种观点存在严重缺陷。虽然后一种情形很少见,这会导致当事人或许会被要求"放弃"一部分的个人自由才能换取社会保障福利。但是,通常来说,当事人由于非常需要依靠社会保障福利而生活,因此不会真的做出这种选择。如果一个人不希望个人自由被限制而拒绝接受社会保障福利,这种情形或许会被视为(或许是不合法的)处罚。

2. 当不满足条件之人获得了福利,这一行为的不当性要在其获得福利之后才会显现。恢复原状是指纠正社会保障措施的现有执行状况,换言之,退还不当社会保障福利不属于处罚。然而,有时,这种退还行为就像是一种处罚。它常常要求当事人退还不当得利,有时甚至是很久之前获得的。因 116
此,很多社会保障制度对下列情形作出区分:出于当事人过错导致的社会保障制度的错误执行;由社会保障机关过错导致的社会保障制度的错误执行。对于后者,很少会要求受益人退还已获得的社会福利,如果需要退还,也会加以时间或范围的限制。有时,对(全部或部分)退还的免除与否与受益人是否知道自己无权获得福利有关。

有时,退还也有可能具有一定不当性,这就很接近于行政处罚。我们可以考虑以下情况:比如当事人没有告知社会保障行政机关自己在失业期间继续从事被限制从事的劳动行为。假设,除非经相关行政机关批准,相关的社会保障措施规定了一个人不能在失业期间从事劳动,若从事,其福利金就会被扣减掉其从事被限制的劳动所获得收入金额。假设当事人 25% 的福利金是因为隐瞒劳动而获得的。如果他告知了该劳动行为,他就可以保留 75% 的福利金。但是,在没如实告知却被发现的情形下,会被要求其退还全部的福利金。虽然这是一种退还,但显然,它非常类似于行政处罚。

退还的状况还可能发生在社会保障福利获得时具有有效的正当性的情形下,这是因为其后出现了需要全部收回社会福利的事由。最典型的例子就是:无权获得社会保险失业救济金的贫穷失业者,获得了社会救助。一年之后,当事人在与其雇主的诉讼中获胜,雇主被命令继续支付当事人辞职至今的工资;当然,辞职原因是可归咎于雇主的紧急情况。因此,在获取社会救助期间的救济金,随后会被持续支付的工资覆盖,通常社会救助主体可以要求当事人归还这笔重复的救济金。这种情况非常类似于与赡养义务人有关的追索(可参考第十四章)。

通常,社会保障制度自身也会利用“行政处罚”来制裁部分当事人的不当行为。由行政机关自身而非法院执行的惩罚可能包括警告、暂时或永久的丧失全部或部分社会保障福利等。就暂时丧失获得社会保障福利权而言,常使用的概念是“暂停执行”。在大多数国家,被施以行政处罚的人无
117 法享有的司法保护程度类似于被施以刑事处罚的人,尽管,行政处罚对当事人的影响实际上比刑事处罚还要深远。当然,大多数的社会保障制度都会规定法律救济,让当事人可以采取行动对抗非法的行政处罚。法院就可以就行政处罚行为的合法与否作出裁判,通常还包括行政处罚轻重程度的合理性。不过,法院通常无权加重处罚。此外,行政处罚确实是一种制裁,它仅在当事人确实有违法行为时才能采用。这种违法性可以是轻微的,例如,

初次且明显非故意的失误或疏忽；也可以是严重的，例如，为非法获取社会保障利益而故意提供虚假信息。显然，在这方面我们必须适用比例原则：轻微的错误只可以适用轻微的行政处罚。

这方面还存在一个特殊的问题，即是否可以对与社会保障制度实施无关的行为实行行政处罚。例如，对于在公共场合酗酒这一严重违法行为，会暂时停止或减少当事人的福利发放。我们认为，当这种酗酒行为没有产生和持续形成社会风险时，当事人就不该受到行政处罚。

有时，施以行政处罚或甚至退还不当得利的做法会显得不合适。因此，许多社会保障制度都会规定限制社会保障行政机关实行处罚和要求退还的措施。在大多情形下，这与退还或处罚可能导致当事人生活困难这一情况相关联，它会导致对退还或追索的需求的努力与社会保障所需要保障的利益之间不成比例，或是基于相关的金额非常小。

四、社会保障刑事处罚

当事人不履行社会保障法课加的义务，可能会导致其因违反法律规定而被刑事处罚。因此，许多社会保障法都列举了在相关社会保障制度中各种可能出现的特殊犯罪行为以及相应处罚。此外，未完全履行社会保障法规定的义务或违反该义务者，也可能符合刑法规定的一般犯罪行为的所有要件。例如，一个人故意提供虚假信息，他可能需要承担滥用信任、欺诈或伪造的法律责任。 118

显然，刑事处罚只能由法院做出，通常还可能需要诉诸于其它法院。一般来说，刑事法院对此有管辖权，但是，社会（保障）法院有时也会被授权做出（某些）刑事处罚。特别的（社会保障）刑事法规与一般刑法典之间的关系并不总是界线分明的。一方面，可以适用特殊法优于一般法的规则；另一方面，在许多国家，刑事法院更愿意适用（他们较为熟悉的）一般刑法典而非社会保障特殊刑事法规。无论如何，显然只有在人们违法时才会被施以刑事处罚。处罚方式常常限于罚金形式，虽然有时也会判处监禁刑。也可采用特殊制度对没有全面履行或违反社会保障义务的人施以适当的刑事处罚。

当刑事法院决定施以刑事处罚时，也可能同时存在行政处罚或已经实施行政处罚的情况，且同时不当支付已经被或正要被退还。这可能会导致当事人认为，他们因为同一个行为而受到了三次“处罚”。但是，法律制度通常认为，退还不是处罚。根据一事不再罚原则，行政处罚与刑事处罚之间的关系显得复杂多了。过去的通说观点认为，这两种处罚在本质上有着根本不同，二者同时实施不会破坏一事不再罚原则。而如今，则倾向于认为这两种处罚都属于《欧洲人权公约》等规定的一事不再罚原则意义上的处罚。因此，裁决机构就需要核查是否对同一个违法行为同时实施刑事和行政处罚。

无论如何，可以认为，在做出处罚决定时，施以行政处罚的行政机关和刑事法院都会考虑刑事处罚的程度，即考虑此前对同一事实所实施的行政处罚。

但是，在很多案例中，对于欲违反其社会保障义务之人，处以行政和刑事处罚（的威胁）虽然存在，实际上却难以对其形成真正有效的压力。例如，对社会救助受益者的处罚常常上升为侵犯人格尊严，要如何减少或甚至暂停用于保障当事人过上体面生活的基本补助金？同样的，在经济危机和大量劳动者失业的状况下，雇主无法支付其社会保障金时，如果强制收缴社会保障金和采取处罚措施就会导致企业破产并因此解雇劳动者时，雇主就
119 不太可能被采取强制收缴或处罚措施。

五、社会保障欺诈

现在很多国家都认为，打击社会保障中的欺诈十分重要。原则上，应该区分社会保障的滥用与不当使用。不当使用不是未遵守社会保障法规定，而是存在不符合社会保障立法目的的情况。

迄今为止最广为人知的社会保障欺诈形式就是所谓的“兼职”：一个人在工作，但是，社会保障系统未知晓这一情况；他（她）因此未支付本应缴纳的所得税和社会保险金；此人甚至还领取了当其处于正式的职业活动中时

本没有资格获取的社会保障福利待遇。在部分国家，社会保障欺诈事件所占比重似乎还比较大，当然可靠地评估该现象的占比是十分困难的。有时还必须区分“黑色”劳动力市场与“灰色”劳动力市场；前者是指劳动者在社会保障行政机关完全不知情的情况下工作，而后者是指劳动者已经被社会保障行政机关登记，但是从事的一些劳动不被所有相关社会保障和税务机关所知。委婉地来说，“非正规经济”这一概念有时就是用于形容不被社会保障制度所知的劳动者和劳动行为的。

在打击各种形式的社会保障欺诈中，行政和刑事处罚仅起到次要作用，最重要的是制定出最大限度防范欺诈的社会保障法。个人所得税和企业所得税的正当功能在遏制社会保障欺诈方面显然是极其重要。但是，制定尽可能遏制潜在的权利滥用的社会保障措施，有时必须付出减少考虑个体或个案特殊性的“代价”。

第十八章　个人隐私权和基本自由的保护

一、概述

社会保障以各种方式融入了人们的日常生活。因此，它与当事人的个人隐私、基本自由之间的关系有时会显得有点紧张。从这个意义上讲，下列冲突就是部分例证。

二、社会保障与个人隐私权的冲突

当社会保障福利的获得需要经过家庭资产状况调查时，相关的行政机关就会掌握调查行为涉及的关于当事人收入、财产（资产）的信息。此外，家庭资产状况调查有时不仅仅针对申请人的财产，而是包括配偶和子女的。

当社会保障计划赋予未婚伴侣和已婚夫妻一样的法律地位时，有时就需要判定未婚伴侣间是否存在共同负担家计的状况。

这两个例子已经体现了社会保障对信息的需求可能侵犯社会保险参保人或社会救助受益人的个人隐私保护。但是，倾向于单方面保护的方式解决这一（实际或隐性的）冲突是不可行的。在所选择的社会保障政策主要致力于满足最高要求的情形下，如果这种社会保障政策实际上得不到尊重，那么个人隐私权也是无法得到尊重的。而且，不能认为，一个人只要不需要社会保障福利，就不会被迫暴露自己的私生活，尽管确实常有人如此认为。失去社会保障福利的潜在可能性形成了主要的压力，因此，一般说来，需要

在隐私或福利之间进行选择的情形并不实际存在。倾向于单方面保护的方式是无法解决问题的。我们需要制定健全的程序去实现对个人隐私和一般福利的共同最大尊重。这种所需信息的重要性、范围与侵犯个人隐私的程度之间的平衡可以在合理原则和比例原则等基础上达成。

三、化解权利冲突的方式

当社会保障需要通过不同方式去获取社会保险参保人的健康状况以便判定其丧失劳动能力等级或提供或补偿某种医疗服务费用时，的确进入到了私人生活的范畴。因此，大多社会保障计划会按照只能由医生掌握并作为职业秘密的医疗信息来制定程序。对此，一些国家制定了制定法，另一些国家则主要依靠判例法来确定社会保障要求受益人所承受的医疗保险或是接受手术的程度。在这些概念中，合理原则或比例原则显然发挥了重要作用。

为了顺利运行，社会保障会在不同地方、不同时候需要大量的有关社会保险参保人或社会救助受益者或甚至他们家庭成员的信息。这种信息可以是由当事人本人主动或不经意地提供的。目前，这些未必会引发隐私权纠纷。但是，当各种内容的信息可以搜集并整合起来时，可能会暴露的隐私就多于当事人本想提供的，这时，难题就产生了。过去，只有纸质记录的数据库，而在如今，在电子化运行中，收集、整合、集中信息的可能性迅速地提高了。当信息被未经授权之人操控时，这种信息操作方式将会导致严重灾难。一方面，我们首先会高度怀疑社会保障行政机关和政府是否应该掌握这些重要信息。另一方面，近几十年来，众所周知，有效的社会保障管理就意味着要有健全的社会保障数据库。所以，在许多国家，相关的讨论越来越多，例如，有关如何协调把信息技术和电子政府引入社会保障管理与尽最大可能保障当事人个人隐私之间的关系。在这领域发展出了很多不同方法。有时信息技术和(或)电子政府在专门社会保障行政机关的采用需要满足严格的条件，不可以将自身的数据库与其它社会保障机关的数据库相连接。社会保障制度也可以选择由若干个行政机关提供所有所需数据的中央数据库：这类行政机关可能自身没有储存信息但是可以通过理由充分的个案申请而向被全面保护着的且实际进行信息处理的中央数据库请求获得信息。 122
另一些国家，则选择交叉数据库，其自身不掌握任何个人的信息(除了个人信息识别码)：个人信息是由各个不同的社会保障行政机关掌握，主要是由使用某些信息的行政机关(例如,管理儿童补助金的行政机关掌握着儿童的编号)来保存这些信息,并且它是唯一保存机关。当其它行政机关需要那些不由自身掌握的信息时,可以通过交叉数据库,从掌握所需信息的主体那里获得信息。交叉数据库像过滤器一样检验着数据流动的合法性。

四、社会保障与其它权利的冲突

社会保障措施不只会妨碍个人隐私的保护,还可能侵犯个人的其它基本权利。可以举出几个关于失业保险或失业救济实施中的宗教自由和言论自由方面的例子。大多社会保障体系都会对由本人原因造成失业的人实施处罚。但如果当事人辞职的原因是他不同意其企业关于黑人、妇女或同性恋者方面的规定呢?如果负责失业保险或失业救助的行政机关面对的受益人,是因为拒绝强迫其从事涉及猪肉的工作——当事人的宗教信仰禁止其如此时呢?在这些冲突中,大多数国家的法院会判断当事人的意识形态、哲学观念或宗教的禁止规则是否是严肃且始终如一的,且在多大程度上是严肃且始终如一的。法院会调查当事人是否确实习惯于按照该信仰生活,或者其宗教教义认可该禁止规则。但是,我们很难认可下列情形,因为这似乎完全背离了基本权利的本质:我们有权自由地思考且相信我们喜欢的信仰,而不需要由政府或社会保障机关审查其严肃性和正当性。同时,我们思考且相信我们所喜欢的信仰自由,不能成为反社会行为的理由。换言之:不应该把一个人自身信仰的代价转移给社会和相关的社会保险或社会救助,社会保障也不该让任何人成为"(宗教歧视的)受难者"。我们必须根据具体案件再次评估基本权利与社会互济措施之间的关系,以及要如何协调并尽量使二者都得到最大尊重。与其它情况一样,诚实信用原则、合理原则、比例原则、信任法律原则、防范诈骗危险和不当使用原则等都为寻找具体解决之道提供了基石。

为了论述的完整性,应该说明,小部分国家仍然面临着大量人口基于宗教信仰而拒绝接受包括社会保险在内的任何形式保险的困境。因为据说保
123 险会影响人们对天意的信赖。在一些国家,已经向这类基于良心而反对社

会保险的人群提供特殊的保障制度使其可以排除适用社会保险，在这种情况下，我们可以确定，该特殊制度不会给不当使用留下任何机会，因此也可以使这类人群避免因社会救助而承担过重的社会互济负担。

第十九章　国际社会保障法

一、概述

社会保障主要是由国内法做出规定。国内法也会规定跨境的社会保障规则。同时，社会保障中的一些福利也会由国际法和超国家法来规定。这就会导致直接或间接涉及社会保障的国际法律文书或超国家法律文书的发展。这种国际法律文书通常以国际法的形式约束各签约（和批准国际法律文书或加入相关超国家组织的）成员国（或其他国际法主体）的。通过成员国宪法规定的方式，让超国家法或国际法的效力直接作用于国内法，国际法或超国家法就可以在国内法院适用且融入其国内立法。在宪法不允许直接适用国际法或超国家法的国家，就需要立法者的立法活动，才能让国际公法规则转化为该国的国内法。

二、国际法律文件与超国家法律文件的作用

国内的社会保障法已经在确定适用对象范围和适用领土范围时不得不对跨境状况做出规定。国内的社会保障法常常对跨境支付社会保障福利、跨境申请医疗保健费用支付等方面做出限制。但显然，有关跨境的事项最好应当通过国际法律文件或超国家法律文件来解决，至少在不希望出现国内法中不同制度规定互相矛盾的解决方式或当事人可能被各国相关制度排除在外时就需要国际法律文件或超国家法律文件。

为何国际法或超国家法的地位如此重要，其第一个原因已经明确了：我们需要它调整不同的国内社会保障（法）制度之间关系，或换言之，需要它来“协调”。因此，旨在协调的相关国际法律文件或超国家法律文件被称为协调法律文件。这种协调法律文件可以涉及一国全部的社会保障计划或部分计划。同样的，这些协调法律文件可以是长久地、深入地协调或被限制于

仅仅是在互惠条件中提出(或撤销)国籍要求之类的事项上。更多不同类型的长远且深入的协调包含了下列几个要点:

禁止在协调法律文件中基于签约当事人的公民之国籍而实施歧视;

在国家之间分配对具涉外因素的社会保障人群的社会保障安置之管辖权;换言之,它可以解决不同国家的国内法关于社会保障制度适用对象范围规定不同导致的法律冲突;

对当事人连续在不同的协调法律文件签约国缴纳社会保险、从事劳动和(或)居住的期间进行“合计”或累计计算,这被称为“维护有关人员可期待获得的权利”;

保障当事人可以在其它协调法律文件成员国缴纳社会保障福利,即社会保障福利的跨境支付或“维护既得权利”;

不同国家的社会保障管理之间开展合作;

不同国家对来自其他签约国的社会保险的被保险人或对方国家的公民的社会保障费用实行互惠待遇。

也有社会保障国际法律文件和社会保障超国家法律文件不解决协调问题。这类法律文件包括所有成员国都认可的原则。在部分法律文件中,这种原则被庄严地宣示,但由于这类原则被制定得过于笼统或不够具体,却没在其国内法中产生相应的法律效果。但其他法律文件中,法律条约确立的原则,受到了充分的限定,从而使得其直接在签约国的国内法上具有效力。因此,这种法律文件可以使不同社会保障制度在其适用范围内达成协调。但要确定国际法律文件或超国家法律文件所规定的一些原则实际上是属于前者还是后者,并非易事。

规定了原则的法律文书通常会规定诸如受社会保障制度保护的最低人数或某种社会保障福利的最低金额。只有在例外情况下,才会因为成员国无法提供更好的社会保障而采取标准化调控方式。还有一种很重要的法律 126
文件,它包含了某种形式的消除歧视原则(例如,性别歧视)。

各国批准某些国际法原则时考虑的原因各不相同。一方面,有人强调缺乏社会安定和社会进步不利于国家安定,并且认为社会保障原则的基本含义应当是一种人权；另一方面，显然经济往来频繁的国家之间更希望签订条约来防止采用向（劳动）人口提供不被认可的低水平社会保障的方式进行竞争。

有时，虽然一些国际法律文件或超国家法律文件主要不是解决社会保障问题的，但其依然对社会保障有重要影响。国际人权法律文件就是这方面的极好例子。更不说其内容中的基本权利和自由的宣示也都显示出社会保障的含义。更困难的问题是那些具有明显经济目的的国际法律文件或超国家法律文件，比如保障资本或服务自由流动的法律文件，是否可以在不受社会保障要求限制的情形下被适用。

三、超国家法律文件和国际法律文件的类型

迄今为止，我们没有区分超国家法律文件与国际法律文件。超国家法律文件是由多个国家参加的超国家组织的权力机构制定的。在这方面，欧共体的规则和指令是最有名：它们分别是指欧共体成员国的社会保障制度的协调和调控。国际法律文件包括不同国家间（或其它国际公法上的主体间）对社会保障的某个方面以互负义务的合同方式做出规定的条约或其他的协约。当条约或协约只约束两个国家时，称为双边协议；约束两个以上国家时，称为多边条约或多边协议。协调可以是双边或多边的。通常，包含原则的法律文件是多边的。最重要的多边社会保障法律文件是由负责社会保障事务的国际组织筹备和制定。在这方面的例子，主要可以参考由国际劳工组织或欧盟委员会制定的大量协定（及条约），这些协定最后都会获得该国际组织的许多成员国批准。

四、主体变动与国际社会保障法

在国际法上，当一个国家和其国内社会保障制度因为合并为更庞大的
127 国际法主体或因原先统一的国家解体而消失时，就会产生特殊的问题。通常，推定该问题服从于一般的国际法有关国家继承方面的规则。但是，这不意味着合并为更大的国家或国家解体不会产生值得探讨的问题。首先，对

于加入新的国家且可以在新的(更大)的领土中自由选择居住地的人,是否保留其不同于新国家其他公民的福利权或福利条件问题。当一个此前统一的国家解体时,曾是同一国的不同部分之间无疑会产生协调问题。当筹集的基金是针对某种福利时(特别是养老金福利),就会有在新国家和另一个或另外多个持有类似基金的国家之间产生更多难以达成共识的问题。此外,在既有合并又有解散的国家中,肯定有旧机构与新机构之间数据顺利转换的需求,也有之前签订的国际法协议的约束力加强问题。

第二十章　社会保障法比较研究

一、概述

为了解决本国社会保障制度中已知的缺陷，比较研究其它国家的社会保障法已越来越多，力图从中受到启发或者找到解决本国问题的办法。我们也越来越经常地跨越国境去寻找在别的地方已经受了“考验”的社会保障领域的新观点。此外，协调或调控国内社会保障法的超国家法律文书、国际法律文书的制定和适用显然需要大量的比较研究。

与日俱增的对社会保障（法）比较研究的兴趣，或许会给社会保障（法）比较研究领域的理论发展和迄今已获得一些关注的比较研究方法论的发展带来惊喜。

二、比较研究的对象

外国社会保障制度研究、外国社会保障法研究、社会保障制度比较研究和社会保障比较法研究常常被认为是同一件事。前述四者之间虽然有密切联系，但不应被当成同一回事。外国社会保障（法）的内容或许是开展进一步比较的基础，但是，它确实不等于比较研究。外国社会保障（法）中好的规定反映了其所属社会保障制度的概况，因此也是开展比较研究的前提。一方面，社会保障制度比较离不开社会保障法的比较，因为法律无疑是社会保障制度的命脉。另一方面，如果无法对管理和解释社会保障制度的非法律文件形成比较的观点，就无法比较社会保障法；换言之，社会保障法比较离不开社会保障制度比较。

通常，社会保障（法）比较会包括在同一特定时期适用于不同国家的社会保障计划，或者换言之，国际（法）比较。此外，也可以就特定地区或其它国家的一部分区域的社会保障（法），以及在同一特定时期同一个国家中现有的不同类别的行业之间的社会保障规则进行比较。这些比较方式，我们都可以称为国内(法)比较。同样的，超国家的法律文书和国际法律文书也可以进行比较，换言之，即国际公法的比较。还可以比较不同时期的社会保障(法)，即沿革的比较(法)。沿革的比较(法)不同于社会保障(法)的历史。在某些情况下，国际的、国内的、国际公法的和(或者)社会保障(法)沿革的比较之结合，或许会得出相互关联的结果。

三、比较研究方法论

专属于社会保障(法)比较研究的方法论需要进一步完善。因此，应当对下列基础理论予以分类。

首先，在比较中，最重要的是应该抛弃任何形式的本族中心主义观点。遗憾的是，实践中，比较观察或研究经常是完全从个人自身(熟悉的)社会保障(法)制度的概念、问题和范畴出发来思考问题。而且，对于其它社会保障(法)制度，会以自身所处的制度环境为标准对其做出评价，这肯定会导致偏见。当然，最不应该做的，是让一个人通过这种比较方法去"论证"其所属的社会保障体系是最好的或最坏的之类的事。

因此，好的社会保障(法)比较应该开始于被比较事务的外源性表现，即应该从比较对象的术语和概念的构成出发，这些术语和概念是不涉及被比较的社会保障制度及计划的。例如，在永久丧失劳动能力的比较中，不能对比不同国家之间的伤残养老金，而应该是对比替代性收入福利；或者采用像"因疾病或意外事故导致在劳动市场上的赚钱能力降低"之类的概念来替代"劳动能力丧失"则更妙。

显然，指出问题的表征并分析其问题，是必须的，即使完全正确地掌握比较对象的外在条件和环境是非常困难甚至无法做到。

在社会保障(法)比较研究中，最重要通常也是最困难的问题就是社会保障法的构想，即确定统一可以适用于所有被比较的社会保障计划的术语
和概念。确定被比较对象最初的外部的规划，才能顺利地进行其后的(法 130
的)比较研究。

附带需要说明的是，仅采用传统方式将各国的社会保障区分为俾斯麦式和贝弗里奇式之比较方式，对社会保障（法）比较研究而言，是不够的。就社会保障（法）比较研究，我们是无法准确地识别出任何法律“体系”的；最佳的分类方式是按照专门的比较对象逐一划分出专门的国内社会保障（法）制度。

此外，在比较社会保障（法）时，既应该采用某种单一的（外部的）比较标准与国内的社会保障计划进行研究和对比；又应该调查各国就相关问题所作的各种规定之间是如何互相关联的。反之，“制度的国内比较”的结果可以且应该包括各类社会保障（法）制度之间的比较。他们所得出的结果比仅仅对比一个又一个问题在不同国家中的规定来得深刻。

任何已定性的（法的）比较都以掌握为本国人使用而写作的原始材料为前提。的确，因为当为外国受众书写或讲述时，许多作者都认为需要在讨论他们的同胞时采取较不明显的批判态度。同样的，鉴于各国的社会保障法比较研究的成果也会如此，我们最好使用该国有关的法律文件和判决来完成比较研究。因此，社会保障（法）比较研究常常由通晓不同语言的团队来完成。此外，最好也包括来自各个被比较国家的社会保障研究专家，这从社会保障研究的开启直到研究完成，都需如此：如此一来，不仅克服了语言困难，也可以防止出现各种本族中心主义观的缺陷。

社会保障制度比较研究和社会保障法比较研究已显示且解析出了大量被研究的社会保障（法）制度的区别，这显然是通过“制度的国内比较”得出的。因果关系、相关政策的优劣都是可以被确定的。即使比较研究者常常面临他们的需求对政策制定者而言是深远或不现实的状况，但无论如何，他们应该记住：自己的任务不是做出政治决策，也不是对该决策立法。因此这
131 种自我约束反映了比较研究者的独立精神和科研上的正直精神。

四、结语

在这一章，也是这一本书的结尾，我们再次强调社会保障（法）比较的重要性或许是十分有益的。如果没有最初的社会保障（法）比较，我们就无

法完成这本简练的、概括的社会保障制度评述之书，它完全致力于提供所有社会保障制度中的概念、原则以及体现在社会保障制度和发展中的选择和方法。我们诚心希望该书可以帮助和激励未来的社会保障（法）制度比较研究。不过，本书也希望可以做得更多。希望它可以成为社会保障制度和社会保障法发展的第一步，以及社会保障比较研究和比较社会保障法研究发展的第一步，或许这只是犹豫不决的第一步。这第一步包含了为全民社会保障和社会保障普通法的逐渐认同提供了最初的基础。对于任何一个研究社会保障和社会保障法以及寻找可以继续建构已定性的社会保障（法）比较之基础的人而言，都不能忽视如下问题：这是一个充满吸引力且严峻的挑战。我非常大胆地希望科研人员和政策制定者能认为本书有利于促进社会保障进一步发展，有助于推动和平、民主、自由与我们所梦想的互济性社会的必要连结。

索 引

A

B

C

E

F

H

I

J

K

L

M

N

O

P

R

S

T

U

V

W

跋[①]

每个人都在使用“社会保障”一词，但是，使用者们对它的定义呈现出很大不同。本书中的“社会保障”的定义依然是宽泛的。必须强调，只有一部分社会保障属于本书所称的社会保障概念：即给予儿童现金福利，对老年、残疾、失业、医疗开支和其它导致无法满足体面生活需求的意外事故之“社会风险”给予补助金的行政职能。本书的早期版本（1993）已是极受政府和法学专业学生欢迎的社会保障领域的导论。这次通过全面修订和更新，皮特尔斯教授再次向新一代的学者和政策制定者们提供了探讨和思考社会保障这一命题的共同语言和结构。

本书兼具抽象（社会保障理论）与具象（社会保障体系的构成）两方面。考虑到社会保障制度因受地点、时间影响而呈现出来的多样性，皮特尔斯博士给出了完全不同的可选项，以适用于建构社会保障体系。他构造了一个可以全面观察社会保障的各种概念、原则、选择和技术的框架。这种方法展示的社会保障是“普通法”；本书也简要地综合考察了比较社会保障法。

《社会保障基本原理》受到法律、政治和社会的许多部门欢迎。全面的见解和信息，加上极大的可读性，使本书具有多重属性：它是解析各国社会保障体系的地图；又综述了建构社会保障体系各类可行选项；它是探索反思和改良现存社会保障体系可能性之尝试，又是比较社会保障法学科发展中的重要一步。

---

① 英文原书封底文字。

图书在版编目(CIP)数据

社会保障基本原理/(比)皮特尔斯著;蒋月,王铀镱译.—北京:商务印书馆,2014
(威科法律译丛)
ISBN 978-7-100-10693-1

Ⅰ.①社… Ⅱ.①皮…②蒋…③王… Ⅲ.①社会保障 Ⅳ.①C913.7

中国版本图书馆CIP数据核字(2014)第193365号

威科法律译丛
社会保障基本原理
(第二版 修订本)
〔比〕丹尼·皮特尔斯 著
蒋 月 王铀镱 译

商 务 印 书 馆 出 版
(北京王府井大街36号 邮政编码 100710)
商 务 印 书 馆 发 行
北京瑞古冠中印刷厂印刷
ISBN 978-7-100-10693-1

2014年9月第1版 开本787×960 1/16
2014年9月北京第1次印刷 印张10¼
定价:38.00元

检